引き算する勇気

会社を強くする逆転発想

JN071715

日経ビジネス人文庫

シンプルはパワフル

あなたは、次のA店とB店のどちらで、「ハンバーグ」を食べたいと思いますか？

A店：ハンバーグレストラン

B店：ハンバーグとカレーとパスタとピザとオムライスを提供するレストラン

圧倒的に多くの消費者が選ぶのは、A店です。この結果が示唆することは、「シンプルはパワフル」だということです。本書を貫く発想。それは、「引き算で、本質を引き出し、顧客を引きつける」です。

本書が単行本で出版されて以来、全国の多くの方から、「これまで、足し算の発想だったが、考えを変えたい」「引き算の発想を実践する」など、たくさんの反応をいただきました。

「引き算の発想で業績が上がった」と連絡をくれた経営者の方々もいます。経営計画書を引き算の発想で作成し成果を上げていると、うれしい報告をくれた企業もあります。

引き算の勝負は、大きな企業よりも、経営資源が限られる小さな企業のほうが有利です。当初、中小企業を想定して、本書を執筆しましたが、予想外に、大企業の方々からの反応や講演依頼もありました。足し算で、悩んでいる大企業が多いということでしょう。

本書は、中国や台湾でも翻訳され、「引き算」の発想が、国内だけでなく、国境を越えて広がっていることは、筆者の喜びです。企業だけではなく、行政、学校、非営利組織からも反応をいただきました。本書で取り上げる「引き算」の発想は、企業経営だけでなく、地域、非営利組織、人などにも応用可能なはずです。

「選択と集中」=「引き算」ではない

経営者の方々に「引き算」の話をすると、たまに「事業の選択と集中のことだろう」「選択と集中」=「引き算」という方がいらっしゃいますが、それは一部正しくて、一部は間違っています。

本書では、選択と集中についても触れていますが、それよりも、引き算の概念は普遍的で実践的な概念です。後述するとおり、「想定ターゲットの引き算」「引き算の商品開発」「機能や素材の引き算」「デザインの引き算」「情報の引き算」「サービスの引き算」「視点の引き算」などもあります。

複数のとんがりのある〝引き算事業〟を〝掛け算〟する「引き算事業の集合企業」も存在しています（掛け算の発想は、本書の第17章で議論しています。引き算の次は、掛け算です）。

ブランド化のきっかけは引き算

現在の強いブランド企業の歴史をみると、ブランド化のきっかけは、引き算です。本書で取り上げたアップルも、スターバックスも、CoCo壱番屋もそうです。

筆者が住む静岡県に、大人気の「さわやか」というハンバーグレストランがあります。出店エリアの〝引き算〟で、静岡県にしか店舗はありませんが、年々引力を増し、今や全国から顧客を引きつけています。本論で詳述しますが、ブランド化のきっかけは、やはり「引き算」です。

危険な足し算の発想

「隣の芝生は青く見える」が人間の心理です。その人間が集まったのが企業です。「隣(他社)がやっていることは、当社もやろう」。人も、企業も、放っておくと足し算になります。足し算すれば、短期的には、売上が上がるかもしれませんが、長期的にはブランド力を低下させます。

企業の不振のきっかけを分析すると、その多くは「足し算」すなわち、単純な量や数の追求や、幅の広さの追求です。

現在の有名ブランドでさえも、かつて、足し算の失敗経験があります。フライドチキンの企業がビーフやポークのバーガーを扱って失敗した事例や、アパレル企業が野菜事業を始めて失敗した事例など、あげればきりがないでしょう。もちろん、ビーフ、ポークも、野菜も、今は〝引き算〟されています。

百貨店が「冬の時代」と言われますが、「百貨」(たくさんの商品)だから、「百禍」なのかもしれません。総合量販店が不振なのは「総合」(いろいろ)だからでしょう。「いろいろ」という色はありません。

引き算は、楽ではない

引き算には勇気が必要です。引き算は、楽ではありません。楽にできたら、すぐに競合他社に真似されてしまいます。最近、「成功事例のヨコ展開をしよう」という言葉をよく耳にしますが、「ヨコ展開」できるということは、換言すれば、「真似されやすい」ということです。

引き算は、ヨコ展開が困難ですし、大変で、勇気がいるから、真似をされにくく、競争優位につながります。

本書で述べた通り、「手を抜く」のは悪い引き算で、「考え抜く」のが良い引き算です。引き算をするためには、しっかりした企業の「軸」が欠かせません。軸がない企業が、引き算をしたら、その企業の存在意義は消滅してしまいます。

「引き算」の時代

「引き算の発想」は、一本のしっかりした幹（軸）に、「枝葉を豊かに茂らせる」といったイメージです。一方、「足し算の発想」は、たくさんの木を植えて「森」をつくるといったイメージです。

経済の成熟化や、需要の多様化が進展すればするほど、「引き算の発想」の有効性は増していくはずです。現在、消費者は、情報の洪水、商品の洪水の中にいて、多くの人々が「森」の中でさまよい、多くの消費者がストレスを感じています。

企業側から見ると、「足し算」はヨコに広がるため〝競争〟につながりますが、「引き算」は深さを追うため〝共生〟につながる概念です。

個性ある引き算企業が増えることによって、社会の多様性が増し、持続性の高い社会が生まれるはずです。今こそ、「引き算の時代」かもしれません。

コロナ禍の影響

コロナ禍で明らかになったのは、量や数の伸びを追う「足し算の経営」の危うさです。ためしに、腕を上の方向に思い切り伸ばしていただけますか。もう、それ以上は伸ばすことができないはずです。これが伸ばす経営の限界です。

観光業界でコロナ禍の影響をもっとも受けているのは、インバウンド客など数の伸びをひたすら追っていた企業です。小売業も同様です。規模の拡大や、客の数を優先していた企業ほど、深刻な影響を受けています。

全国の経営者を調査したところ、ますます力を強めるＡｍａｚｏｎを脅威とする小売業者は、拡大志向の足し算企業です。Ａｍａｚｏｎのロゴにａからｚに矢印がかかっていることから示唆されるとおり、品ぞろえの幅の競争では、Ａｍａｚｏｎが絶対的に優位です。

例外中の「共通性」

一方、コロナ禍でも影響を受けなかった例外的な企業には、どのような共通性があるのでしょうか。中小小売業と中小飲食業を対象に調べてみたところ、

- 量の拡大ではなく、質の拡充を志向している
- イメージが明快で、独自性が高い
- 地域との絆が強い
- 口コミ客、リピーターが多い

といった共通性がみられます。いずれも、本書で述べる「引き算」が生み出す効果と整合しています。コロナ禍で影響を受けにくかった少数派企業に共通すること、すなわち

「例外中の共通性」に、これからの時代の経営のポイントがあるように思います。

さて、前置きは、この程度に〝引き算〟しましょう。さっそく、「引き算の発想」で、いかに引力を高め、人々の心を引きつけるのかについて考えていきましょう。

はじめに

今なぜ、引き算なのか

「木」vs「森」

次の2枚の写真を見てほしい。あなたは、どちらの風景にインパクトを感じるだろうか。

［A］

［B］

消費者1000人（注1）に聞いてみた。結果は次のとおりだ。

A　91・1%　B　8・9%

9割以上の人が選んだのは「A」だ。

そう、人々の心に響くのは、樹木がたくさん生い茂る「森」ではない。たった1本の木だ。「森」から「林」を引き算し、「木」になることによって、逆に力強くなるのである。

「よい商品がいろいろあるのに、成果が出ない」
「長所がたくさんあるのに、選ばれない」
「多くの機能がついているのに、売れない」
「資源がたくさんあるのに、人が来ない」

地域経済の現場で、次のような言葉を聞くことが多い。

もしかすると……

「いろいろあるから、成果が出ない」
「たくさんあるから、選ばれない」
「多いから、売れない」
「たくさんあるから、人が来ない」

のかもしれない。

日の丸の面積

ここで、「日本の国旗」を頭に思い浮かべてみよう。

さて、日本国旗の赤い丸の面積は、全体の何パーセント程度だろうか。想像して、次の文章の空欄に数字を入れてほしい。

日本国旗の赤色の面積は、［　　　］％

実際に、全国1000人の消費者に、右の文章の空欄に自由に数字を入れてもらった。

結果はどうだったか。

もっとも多くの人が空欄に入れた数字は、「30」（％）である。「40」％と答えた人も2割弱、「50」％と答えた人も全体の1割いる。1000人の消費者が入れた数字の平均値は、31・6％だ。

では、実際には赤色の面積は何パーセントだろう？

実は、意外に小さい。

日本国旗の赤の面積はわずか18・8%だ。つまり、全体の80%以上が空白なのである（注2）。

消費者1000人の回答を見ると、なんと全体の9割近くの人が、実際の割合よりも大きな数字をイメージしている。

この簡単な調査結果から示唆されるのは、何か。

そう、**〝シンプルだと、小さくても、力強くなる〟**ということだ。

図0-1　世界一シンプル

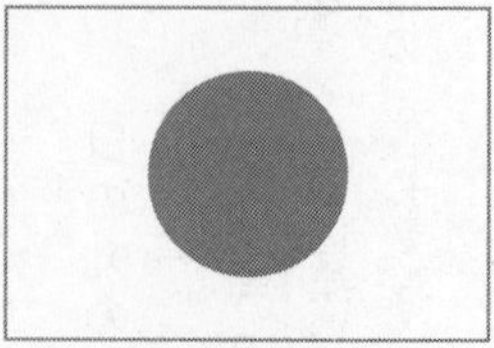

日本の国旗は、世界一シンプルだ。白地に赤い丸がひとつ。線は一本もないし、星もひとつも描かれていない。全体の8割は空白。究極の「引き算」である。

日の丸は、我々に「引き算が力になる」ことを教えてくれる。

多くの人は、小学校で引き算をならって以来、「引き算＝減らすこと」だと思ってきた。だが、引き算には**「減らす引き算」**だ

けではなく、「生み出す引き算」もあるということだ。

日本はもともと「引き算」の国である。

簡素さに美しさを見出す「禅」や「茶道」。四畳半の「茶室」や枯山水の「日本庭園」は何とシンプルだろう。わずか17文字からなる世界で一番短い文学「俳句」。余分なものを加えず、素材そのものを活かす「和食」など、いずれも引くことによって、人の「心」に訴えてくる。

日本人は、昔から「足し算」ではなく、「引き算」に価値を見出してきた。「引く力」は日本人が伝統的に持つ強みである。**伝統の中にこそ、成功の基盤があるはずだ。**

だが、今の日本経済はどうだろう。

「丸」が「四角」になった日本経済

引くことによって、人の「心」に訴えている企業はどれぐらいあるだろうか。多くの企業は、「心」ではなく、「頭」にばかり訴えようとしているようだ。

たとえば、日本の家電業界。はじめに「技術ありき」で、新商品の開発、新機能や機能の多さを競っているようにも見える。日本製品の国際競争力の低下は、機能や商品ラインナップを足すことで価値を生み出そうという、「足し算的な発想」がひとつの要因ではないか。

そんな日本経済を国旗にしてみると、丸が四角になった図0－2のようなイメージになるのかもしれない。

丸が四角になると、とたんに無機質に見えてくるから不思議だ。工業的、技術的な感じがして、心に響いてこない。感情に訴えない。力も弱く感じてしまう。

図0-2　四角い日本経済

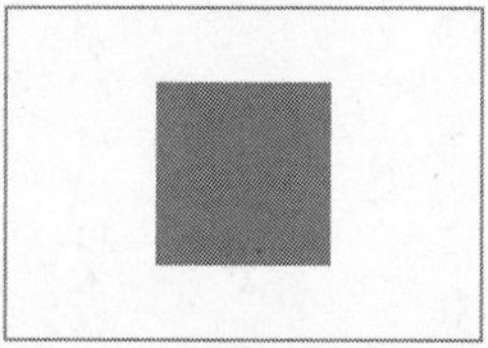

時代は、「量」から「質」へ、「機能」から「情緒」へ、「効率」から「感性」へ動いている。にもかかわらず、いまだに日本企業の多くは、何かを足し算することで価値を生み出そうとしているようだ。

「生産量を増やそう」
「品ぞろえを拡大しよう」
「機能を追加しよう」
「事業領域を拡大しよう」
「ターゲットを拡大しよう」

「デザイン要素を付け加えよう」

現代の日本経済や企業は、「余白」を何かで必死で「埋めよう」「埋めよう」としているのではないか。そう考えると、今の日本経済は、図0－3のように表現できるかもしれない。

売り上げを増やそうと、商品や機能などを「これでもか」と足し算し続けている。過度なハイスペックで、汎用性が失われ、ガラパゴス化してしまう。

「余白」があるから力強くなるのに、それを埋めようと「足し算の競争」を繰り広げている。創造の源泉となる「余白」が減少し、豊かさの源となる「ゆとり」が失われている。**引き算から生まれる「余白」や「ゆとり」が、世界に誇る〝日本らしさ〟を生み出す土壌だったはずだ。**

図0-3 余白を埋めようとする日本経済

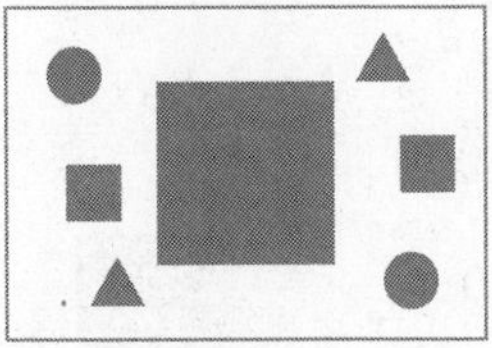

ちなみに、あなたは次のA、B、Cのどの図形に魅力を感じるだろうか。

［A］

［B］

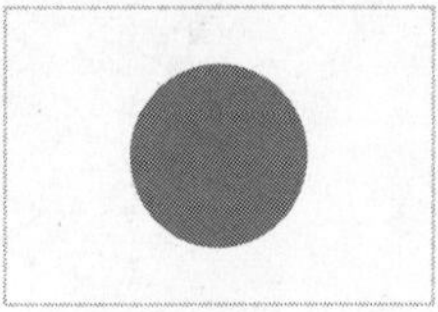

［C］

全国の消費者1000人に聞いてみた。結果は次のとおりだ。

A　15・8%　B　75・7%　C　8・5%

圧倒的に多くの人が選ぶのは、もっともシンプルな「円」である。「複数の図形の集合」でも、「四角形」でもない。「余分な図形」を引き算し、「角」をとることで魅力は増加するということだ。

人を引きつける引き算

なぜ、アップルに、プリンターがないのか?

なぜ、スターバックスに、ホットドッグがないのか？
なぜ、グーグルのトップページには検索窓しかないのか？
なぜ、無印良品に、カラフルな洋服がないのか？
なぜ、ジャニーズ事務所に、女性アイドルがいないのか？

アップルも、スターバックスも、グーグルも、無印良品も、ジャニーズ事務所も「引き算企業」だ。いずれも、何かを引くことによって、自らの「引力」を生み出している。

「品ぞろえを減らすと、売り上げが減るのではないか？」
「ターゲットを減らすと、売り上げが減るのではないか？」

このように語る経営者は多い。日本の大多数の企業は、「引き算」に、恐れを抱いているように感じる。

現実は、その逆だ。

前述の「森と木」や「日の丸」の例のように、**引き算によって、本質的な価値が引き出され、人を引きつけることができる。**

本書のメッセージを数式で表してみよう。

1＝＋……引き算をすることによって、新たな価値が生まれる。

1＞＋……引き算は、足し算に勝る。

2＜1……二兎を追うものは一兎をも得ず。

1＞2……ひとつのことを極めれば、逆に世界は広がる。

いずれの数式も、数学的にはありえない。だが、現実の社会ではありえる。太陽が沈めば、夜空に星が見えてくるように、何かを引くことによって、生まれるものがある。

今の日本経済で量を増やし続けることは不可能だ。**「量の発想」は、必ず限界に達する。**

「足し算の経営」から「引き算の経営」へ

「足す価値」から「引く価値」へ

21世紀は「引き算」が力になるはずだ。「引き算」の発想は、「成熟社会」や「人口減少社会」と極めて親和性が高い。

もちろん、**何かを引き算するには「勇気」が必要だ。**単に引けばよいということでもない。**良い引き算もあれば、悪い引き算もある。**

では、どうすれば「引き算」に成功することができるのだろうか。

本書では、企業や組織や地域が、「**いかに引き算をし、いかに価値を引き出し、いかに人を引きつけるのか**」を考えていきたい。

さあ、勇気を持って「引き算」の旅に出かけよう。

［注］

1　「消費者1000人調査」は、全国の20代から60代の男女1000人を対象に実施した。年代と性別は均等に割り付けた。調査時期は2014年1・7・8月、2015年2・5月。調査方法は、株式会社ネオマーケティングが運営するアンケート専門サイト「アイリサーチ」を用いたウェブアンケート方式である。以下、本書で「全国消費者1000人調査」「消費者1000人調査」とはこの調査を示す。また、文中で特に断りがない消費者データについても、すべて出所はこの調査である。これ以外の消費者調査データについては、その都度、出所を明示している。

2　「国旗及び国歌に関する法律」で、日章旗の縦は横の三分の二、日章の直径は縦の五分の三と定義されている。

CONTENTS

機能過多
余分な機能がついている商品といえば？
理想のリモコンのボタン数は？
情報過多
あふれる商品、欲しいモノは「とくにない」
複雑化する社会
「引き算」にひかれる消費者の増加
「引く価値」の時代が来た

CHAPTER2

なぜ、足し算に陥ってしまうのか？
——足し算のワナ

足し算に陥る理由「隣の芝生は青く見える」
足し算に陥る理由「引き算＝消極的」という勘違い
足し算に陥る理由「増やせばリスクが分散する」という勘違い
足し算に陥る理由「多い＝豊か」という幻想
足し算に陥る理由「付加価値」という言葉の誤解

引き算の行動と「業績」の関係
顧客ターゲットの引き算と「業績」の関係
「シンプルなデザイン重視」と「業績」の関係
引き算リスクを経営者はどう考えているのか

CHAPTER6

引き算をすると、なぜ強くなるのか？

引き算をすると、買い手の知覚品質が高まる
引き算をすると、買い手の心に刺さりやすくなる
引き算をすると、イメージされやすい
引き算をすると、価格競争に巻き込まれにくい
引き算をすると、口コミに乗りやすくなる
引き算をすると、パブリシティに乗りやすくなる
引き算をすると、リピート客が増える
引き算をすると、ブランド力が強くなる

PART3
いかに引き算をするか、いかに人を引きつけるか

引き算で、時短価値を創造「QBハウス」
引き算をして、大切なことに集中「スーパーホテル」

CHAPTER15
「あたりまえ」を引き算する

看板を引き算した居酒屋「岡むら浪漫」
「減築」による価値創造「ウェルシーズン浜名湖」
規模を縮小し、強くなる「美容室 ル・レリンク(Le RelinQue)」

CHAPTER16
引き算が、地域を元気にする

「Aの聖地」はあっても、「AとBの聖地」はない
「自然と歴史の街」は人を引きつけない？
静岡は「何の都」か？
香川は「何県」か？

PART1

「押す力」から「引く力」へ、「足す価値」から「引く価値」へ

CHAPTER1

引き算にひかれる消費者

シンプル志向の高まり

21世紀の企業にとって大切なのは、**「押す力」ではなく、「引く力」**である。すなわち、「売り込む力」ではなく、「人を引きつける力」だ。

かつて、右肩上がりで経済が成長を続けた時代は、大量の広告宣伝、販売力、営業力といった「押す力」を持った企業が強者だったかもしれない。

だが、成熟時代の今、人々に愛されるのは「押す力」を高めた企業ではない。消費者の買いたい気持ちを喚起する「引く力」（引力）を持った企業である。

たしかに、強いブランドには「引力」がある。強いブランドは、人々の感情に訴え、心を引きつける。「アップル」も、「スターバックス」も、「ディズニー」も、「京都」も、「押す力」で顧客を獲得しているのではない。自らが有する「引力」で顧客を引きつけている。

あなたにとって魅力的なブランドを、いくつか頭に思い浮かべてほしい。いずれも引きつける力を持っているはずだ。

では、いかに「引力」を高めるのか？

もっともシンプルで効果的なのは、「引き算」だろう。**引き算によって、本質的な価値が引き出され、顧客を引きつける**ことができる。

「押す力」から「引く力」へ。**「足し算」から「引き算」**へ。現代の企業には、このような視点の転換が求められている。本書では、「引き算」によって、いかに企業や組織や地域が「引力」を高めていくのかを考えていきたい。

顧客を引きつけるためには、まずは顧客を知ることが必要だ。第1章では、消費者の視点から「引き算の戦略」にどれだけ大きな可能性があるのかを見ておくことにしよう。

シンプルvs多機能

次の文章の空欄に思い浮かぶ言葉を自由に記入してほしい。

表1-1　シンプルな商品は…

使いやすい	162人	高品質	43人
簡単	85人	好き	41人
スタイリッシュ	78人	飽きがこない	35人
安い	76人	ベスト	17人
長持ち	61人	こだわり	13人

注）頻出単語の上位10を表示。全国消費者1000人調査

シンプルな商品は、［　　　　　　　　］である。

あなたはどのような言葉を入れただろうか。

全国1000人の消費者に聞いてみた。結果は表1－1に示した通りである。

「シンプルな商品」から連想される言葉を見ると、もっとも多いのが「使いやすい」であり、以下「簡単」「スタイリッシュ」と続く。上位10の単語を見ると、ネガティブな言葉は一切ない。**現代の消費者がシンプルという言葉に肯定的な感情を持っている**ことが示唆される結果だ。

「シンプル」に対する消費者意識を別の視点からも見てみよう。

全国のブログから、「シンプル」という言葉が入っている

表1-2　「シンプル」という言葉が入っているブログに出現する単語（上位10）

順位	単語	順位	単語
1	かわいい	6	美しい
2	良い	7	おいしい
3	高い	8	楽しい
4	小さい	9	深い
5	多い	10	好き

注）ブログクチコミサーチBY kizasiを利用して形容詞（上位10）を抽出。2014年1月調査

ものを集めて、その文章にどのような単語が出現するのかを見てみた。ブログには、人々の素直な感情が表れているに違いない。

結果は表1−2に示した通りである。

出現頻度が多い単語を見ると、「かわいい」「良い」「美しい」「おいしい」「楽しい」「好き」など、その多くがポジティブな単語だ。ここにも否定的な言葉はまったく見られない。

では、「シンプル」とは逆に、**「機能が多い商品」**について消費者はどのように感じているだろうか。今度は、次の文章の空欄に、思い浮かぶ言葉を自由に記入してもらった。

機能が多い商品は、［　　　　　　　　　　］である。

全国消費者1000人調査の結果は、以下のとおりであ

表1-3　機能が多い商品は…

使いにくい	118人	面倒	34人
高価	106人	無駄	30人
便利	88人	難しい	19人
複雑	72人	楽しい	15人
壊れやすい	48人	こだわり	13人

注）頻出単語の上位10を表示。全国消費者1000人調査

表1-4　品質に違いがなければ、どちらにひかれますか？

多機能な商品	3.6%
やや多機能な商品	16.6%
どちらともいえない	27.8%
ややシンプルな商品	**38.6%**
シンプルな商品	**13.4%**

注）全国消費者1000人調査

る。

「機能が多い商品」と聞いたときに消費者がイメージする言葉を見ると、「使いにくい」「壊れやすい」「面倒」など過半数がネガティブな言葉だ。現代の消費者には、「機能が多い」「多機能」という言葉に対して、否定的な感情を抱く人が少なからずいることが示唆される。

「品質に違いがなければ、消費者は機能の多いほうを選ぶ」

このように言う経営者が多くいるが、本当だろうか？

現実は逆かもしれない。

表1－4に示すように、**品質が同じであれば、「多機能な商品」よりも「シンプルな商品」が良い**と回答する消費者が多い。もし、「シンプルでスタイリッシュな家電」と「多機能な家電」があった場合、多数の消費者が「シンプルでスタイリッシュな家電」を選ぶということだろう。

機能過多

現代の商品の機能について、消費者はどのように感じているのだろうか。消費者1000人調査の結果を見てみよう。

表1－5に示した通り、全体の85・1％が、機能が「多すぎる」「やや多すぎる」と回答している。**機能が「少なすぎる」と回答した消費者は、なんと1000人中1人もいない。**「機能が多ければよい」という時代ではない。

にもかかわらず、製品の機能は「足し算」の一途だ。消費者の使いこなせない機能も次々に搭載され、製品が過度に多機能化している。認知科学者のD・A・ノーマンが言う「なしくずしの機能追加主義」だ。

なぜ、こうなるのだろう？

本来ならシンプルな商品に、価格を増すために不必要な機能を詰め込んでいるのだろう

表1-5　商品の機能は？

多すぎる	**41.3%**
やや多すぎる	**43.8%**
どちらともいえない	13.8%
やや少なすぎる	1.1%
少なすぎる	0.0%

注）全国消費者1000人調査

か。

技術だけを見て、消費者が期待する以上の機能を備えた商品をつくっているのだろうか。

ライバル企業ばかり見て、過度な機能競争に陥っているだろうか。

日々の生活でも機能過多を実感することが頻繁にある。たとえば、筆者が今この文章を書いているワープロソフト。ワープロソフトの機能で筆者自身が必要なのは、全体の10%にも満たないように思う。

余計なお世話と感じる機能も多い。アルファベットを入力すると勝手に先頭が大文字になったり、数字を入れて改行すると頼みもしないのに箇条書きになったり、メールアドレスを入れると自動でリンクが張られたり……。

もちろん、このような機能をオフにすることはできるが、その方法が分かりにくい。基本はシンプルであるべきだろう。複雑な機能を求める人には、オプションで対応すればよい。ワープロソフトの機能を100%使いこなしている消費者は、限りなく0%に近いのではないか。

パソコンのソフトは、バージョンアップのたびに機能が増えるが、筆者自身は新機能のほとんどを使っていない。逆に、機能が多くなりすぎて、今まで使っていた必要な機能を見つけることができずに困ってしまう。**多機能な商品を使いこなせず、ストレスを感じている消費者は多い**はずだ。

余分な機能がついている商品といえば？

ところで、「機能が多い商品」と聞いたときに、消費者はどのような商品をイメージしているのだろうか。

消費者1000人に次の文章を提示し、空欄に自由に言葉を入れてもらった。

余分な機能がついている商品といえば、［　　　　　　］である。

結果は以下のとおりだ（表1－6）。

余分な機能がついている商品といえば、「携帯電話」「スマートフォン」がもっとも多

表1-6 余分な機能がついている商品といえば…

順位	キーワード	出現頻度	順位	キーワード	出現頻度
1	携帯電話	420	6	家電	43
2	スマートフォン	211	7	洗濯機	20
3	電子レンジ	76	8	車	17
4	テレビ	60	9	エアコン	15
5	パソコン	47	10	炊飯器	11

注)全国消費者1000人調査

く、「電子レンジ」「テレビ」「パソコン」「家電」などが続く。だとすると、機能過多の現状を見るのには、家電量販店の売り場に行くのが一番かもしれない。店頭は機能過多のオンパレードである。

店頭に置いてある家電のカタログを見ても、「一台で何役もこなしてくれる」「こんな機能もつきました」「あれもこれもできて便利」など、多機能を売りにしている商品がいかに多いか実感できるだろう。

理想のリモコンのボタン数は？

表1―6に示したとおり、余分な機能がついている商品として、「テレビ」をあげる人も多い。ちなみに、みなさんの自宅のテレビのリモコンに、ボタンはいくつあるだろうか。もし時間があれば、数えてほしい。

自宅のリモコンのボタンを数えてみたら、何と68個もある。リモコンの表面に48個、カバーを開けるとさらに20のボタンが出てくる。68個のボタンのうち、その半数は使ったことがない。

「テレビの理想のリモコンを描いてください」

若者が考える「理想のリモコン」はどのようなデザインだろうか。筆者の研究室の学生15人に、テレビの理想のリモコンの絵を自由に描いてもらった。描かれたリモコンは、「タッチパネル式」「クリックホイール式」「音声入力式」「スティック型」「スマートフォン連動型」など、そもそもボタンを必要としないものも多い。従来のリモコンにとらわれない自由な発想は、〝学生ならでは〟だ。

さて、理想のリモコンのボタン数の平均値はいくつだったか？

たった「3つ」だ。

情報過多

「機能」の過多だけではない。買い物や商品に関する「情報」も氾濫している。テレビ、新聞、雑誌などマスメディアからは止めどなくコマーシャル情報が発信され、インターネットからは洪水のように情報が押し寄せてくる。

表1-7　現代は、買い物や商品に関する情報が？

多すぎる	**33.4%**
やや多すぎる	**42.8%**
どちらともいえない	21.4%
やや少なすぎる	1.5%
少なすぎる	0.9%

注）全国消費者1000人調査

消費者は、買い物や商品に関する情報量について、どのように感じているのだろうか。消費者1000人調査の結果を見てみよう。

結果は表1－7のとおり。

全体の約8割が、買い物や商品に関する情報が「多すぎる」「やや多すぎる」と回答している。情報過多で、消費者は情報の洪水に流されそうだ。本来、情報は、利用するためにあるのに、逆に、それに振り回されている。

人は、情報が多すぎると処理しきれない。過剰な情報で、心理的なストレスや不安を感じる消費者も増えているのが現代だろう。

あふれる商品、欲しいモノは「とくにない」

情報のみならず、「モノ」そのものも過剰だ。モノの選択肢が十分ある社会は豊かな社会なのかもしれないが、選択肢がありすぎる社会はどうだろうか。

表1-8　「モノを増やしたい」か「モノを減らしたい」か

モノを増やしたい	1.2%
ややモノを増やしたい	6.0%
どちらともいえない	29.7%
ややモノを減らしたい	**41.6%**
モノを減らしたい	**21.5%**

注）全国消費者1000人調査

現代の消費者に、**欲しいものを聞くと一番多い回答は、「とくにない」である**（岩崎、2012年）。かつて、このような時代はあっただろうか。モノへの欲求は、過剰なまでに満たされている。

「何を選んでよいかが分からない」

消費者の部屋は、すでにモノがあふれている。**今日の消費者にとって問題となっているのは、選択肢が少ないことではなく、選択肢が多すぎること**である。

表1－8を見てほしい。「モノを減らしたい」「ややモノを減らしたい」が63・1%。現代は、モノの増やし方よりも、モノの減らし方に関心が集まる時代だ。

複雑化する社会

情報の過剰、商品の過剰、機能の過剰。まさに現代は「過

表1-9　世の中は？

複雑化している	**36.7%**
やや複雑化している	**41.1%**
どちらともいえない	15.1%
やや単純化している	5.9%
単純化している	1.2%

注）全国消費者1000人調査

剰社会」である。加えて、ＩＴ化、グローバル化が急速に進展し、世の中はますます複雑化の度を高めている。人類の歴史は「複雑化の歴史」であるが、今ほど目まぐるしく複雑で過剰な社会は、かつて経験をしたことがないだろう。

表１−９を見てみよう。

全体の約８割の消費者が「世の中は複雑化している」と回答している。

世の中の変化、複雑化のスピードはあまりに速いため、多くの人は対応できなくなっているのではないか。現代の消費者は、やるべきことが多すぎて、収拾がつかなくなっているようだ。

「引き算」にひかれる消費者の増加

社会が複雑化すればするほど「反作用」のチカラが働く。そう、**「複雑」の対極にある、「シンプル」を志向する消費者の増加である。**

表1-10 シンプルなライフスタイルを志向したい？

そう思う	**25.7%**
ややそう思う	**56.0%**
どちらともいえない	15.7%
あまりそう思わない	2.5%
そう思わない	0.1%

注）全国消費者1000人調査

この点を確認してみよう。

シンプルなライフスタイルを志向したいかとの質問に対して、回答者の8割以上が「そう思う」「ややそう思う」と回答している。「そう思わない」「あまりそう思わない」はわずか2・6％だ（表1－10）。

ひとくちに「シンプル」と言っても、「シンプルな機能」や「シンプルなデザイン」などいろいろとある。

まず、「商品の機能」へのシンプル志向について見てみよう。「余分な機能を削ぎ落とした商品を買いたいか」との質問に対する回答を見ると、全体の7割超が「そう思う」「ややそう思う」と回答している。「そう思わない」「あまりそう思わない」はわずか5・3％だ。

「デザイン」などの情緒的なシンプル志向はどうだろうか。「シンプルなデザインが好きか」との質問に対しては、回答者の8割超が「そう思う」「ややそう思う」と回答している。「そう思わない」「あまりそう思わない」はわずか3・0％し

表1-11 余分な機能を削ぎ落とした商品を買いたい？
――機能的シンプル志向

そう思う	**24.5%**
ややそう思う	**49.7%**
どちらともいえない	20.5%
あまりそう思わない	4.4%
そう思わない	0.9%

注）全国消費者1000人調査

表1-12 シンプルなデザインが好き？
――情緒的シンプル志向

そう思う	**36.4%**
ややそう思う	**48.3%**
どちらともいえない	12.3%
あまりそう思わない	2.8%
そう思わない	0.2%

注）全国消費者1000人調査

かいない。

「機能的シンプル志向」と「情緒的シンプル志向」との関係を見るために、表1−11と1−12の結果をクロス集計してみた（図1−1）。

この図に示した通り、全体の約7割が「機能的シンプル志向かつ情緒的シンプル志向」である。回答者の大部分が、**機能面においても、情緒面においてもシンプルさを求めている**ということだ。

一方、「機能的シンプル志向でもなく、情緒的シンプル志向でもない」回答者は全体の1割弱と、きわめて少数派である。

ここで、前者を「引き算消費

図1-1　「足し算消費者」よりも「引き算消費者」が圧倒的に多い

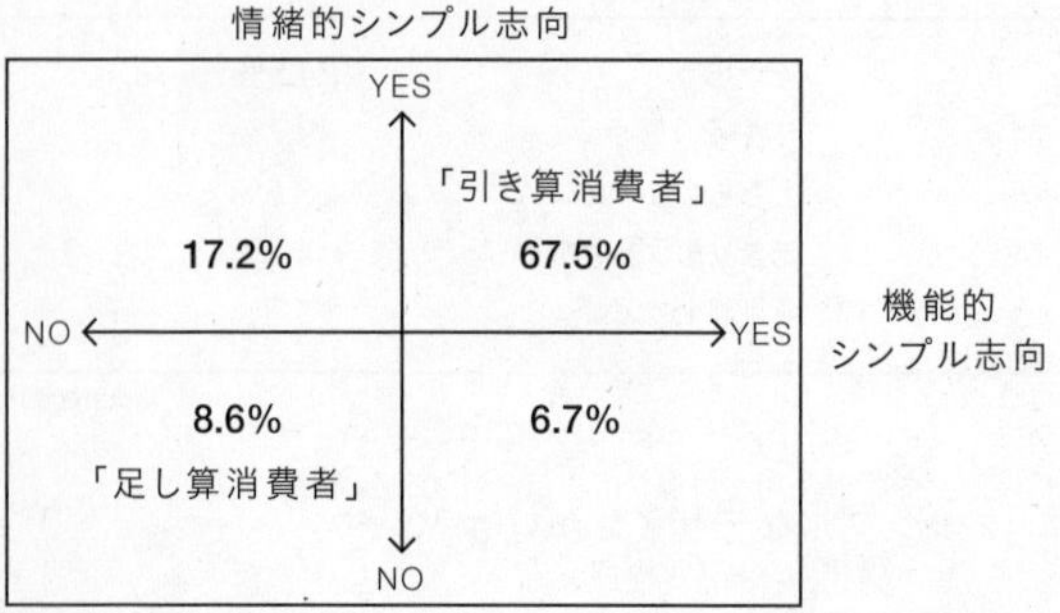

注）全国消費者1000人調査

者」とし、後者を「足し算消費者」とすると、「引き算消費者」は「足し算消費者」の8倍も存在する。

「引く価値」の時代が来た

過剰社会になればなるほど、「引き算」の価値が高まる。規模や量を求める「足し算経済」は、終焉を迎えた。消費者は、シンプルな商品やシンプルなライフスタイルを志向している。

「足す価値の時代」から、
「引く価値の時代」へ。

にもかかわらず、なぜか多くの企業がとるのは、逆の行動だ。

商品の量、機能、情報は足し算の一途であ

る。**買い手の「意識」と売り手の「現実」の間のギャップがどんどん拡大している。**

なぜ、多くの企業や組織は「足し算」に陥ってしまうのだろうか。この点について、次の章で見ていくことにしよう。

CHAPTER2

なぜ、足し算に陥ってしまうのか？

足し算のワナ

商品の増加、機能の増加、情報の増加、そして社会の複雑化……。現代は放っておけば、何もかもが増えていく「**足し算社会**」だ。いつの間にか、足し算が進み、身動きがとれなくなってしまう。機能疲労、情報疲労で、シンプルな商品や生活スタイルにひかれる消費者が増加している。

数を競う社会は終焉した。商品、機能、情報の「引き算」が価値になる時代が来ている。にもかかわらず、多くの企業は足し算を続けている。

なぜ、足し算企業がこれほどまでに多いのか？

なぜ、企業は足し算に陥ってしまうのだろうか？

本章では、この点について検討していこう。足し算に陥る理由が分かれば、それに対処する方法も分かるはずだ。

足し算に陥る理由「隣の芝生は青く見える」

次の質問に答えてほしい。

Q あなたは、自分自身について、下記のA、Bのどちらに目が行くことが多いですか？

A　自分が持っているもの・自分が持っている能力
B　自分に足りないもの・自分に足りない能力

全国消費者1000人調査の結果は以下のとおりだ。

A　30・5%　　B　69・5%

7割の回答者は、「自分に足りないもの・自分に足りない能力」に目が行くと答えている。
では、次の質問はどうだろう。

Q あなたは、友人について、下記のA、Bのどちらに目が行くことが多いですか？

A　友人が持っているもの・友人が持っている能力
B　友人に足りないもの・友人に足りない能力

結果は以下のとおりだ。

A　81・9％　B　18・1％

圧倒的に多くが、「友人が持っているもの・友人が持っている能力」に目が行くと回答している。

ここで、この2つの質問の回答結果をクロス集計してみよう（表2－1）。

表2－1に示すように、突出して多いのが、「自分に不足しているものが気になり、友人が持っているものに目が行く」と回答する人である（全体の57・8％）。

まさに、**「隣の芝生は青く見える」**ということだ。人は、**自分が「持っているもの」ではなく、自分に「足りないもの」に価値を見出してしまう。**

企業も、人の集まりである。同様の発想に陥りがちだ。

表2-1 隣の芝生は青く見える

		どちらに目が行くか	
		友人が持っているもの	友人に不足しているもの
どちらに気になるか	自分が持っているもの	24.1%	6.4%
	自分に不足しているもの	57.8%	11.7%

注）全国消費者1000人調査

表2-2 マーケティング的発想は、「自社にあり、他社にないもの」に注目

	他社にあるものに注目	他社にないものに注目
自社にあるものに注目		「自分の芝生は青い」マーケティング的発想 →○ 差別化できる
自社にないものに注目	「隣の芝生は青い」多数派の心理 →× 差別化できない	

ライバルを研究して同じことをやろうとしたり、ある企業が成功すると「当社もやらねば」と追随する。競争相手に対抗するために、次々と商品や機能を「足し算」していく。

人も企業も、自らの「引力」を高めるためには、この心理的傾向の逆を行く必要がある。つまり、「自分が持っていて、友人が持っていないもの」に着目することだ。

表2－1に示した通り、こういった人はもっとも少数派だ。わずか6・4％しかいない。

「ないものねだり」で競争相手の真似をしても勝ち目はない。ライバルに後れをとりたくなければ、ライバルと違うことをすべきである。自社にあるものでしか、他社との違いを出すことはできない。**大切なものは自分の足元にある**のである。

「隣の芝生」は決して青くない。他人には、あなたの芝生が青く見えているかもしれない。**自分の芝生をもっと青くすることに力を集中すべき**だろう。

足し算に陥る理由 「引き算＝消極的」という勘違い

足し算に陥ってしまう理由は、他にもたくさんある。

質問を続けよう。

Q どちらの人物の発言が高い人事評価を受けると思いますか？

(1) Aさん「この商品を売りましょう」
Bさん「この商品を売るのをやめましょう」

(2)Aさん「この仕事をやりましょう」
Bさん「この仕事はやめましょう」

(1)Aさん　65・9％　Bさん　34・1％
(2)Aさん　74・3％　Bさん　25・7％

高い人事評価を受けるのは、(1)(2)ともに「Aさん」である。「やりましょう」という主張だ。足し算的な発言をすると「積極的」「前向き」だと思われ、評価が上がるのだろう。足し算型の人が出世しやすい。これが「足し算企業」が増えていく一因であろう。

「Bさん」のように「やめましょう」と主張すると、企業で評価を受けにくい。おそらく、引き算的な発言イコール「消極的」だとか「後ろ向き」だとか思われてしまうのだろう。出世の妨げになるかもしれない。

ここで、あなたの会社や所属する組織の会議シーンをイメージしてほしい。「何をするか」は盛んに議論するが、「何をしないか」を議論することは少ないはずだ。組織に足し算思考が蔓延していると、**何かを「やめましょう」と言い出すには、よほどの**

度胸が必要である。

引き算には、「生産的な引き算」や「攻めの引き算」がある。**引き算の発想は、決してネガティブではない**ということを理解する必要がある。前向きな「やめましょう」を言える組織風土がなければ、いつまでも足し算経営から脱却することができないだろう。

足し算に陥る理由 「増やせばリスクが分散する」という勘違い

ある経営者「念のため、これも取り扱おう」
「とりあえず、この機能もつけておこう」
「一応、これも売っておこう」

足し算は、しばしば、自信のなさの表れである。自信のない経営者は、足し算を好む。増やせば、誰かはどこかに引かれて、引っかかるだろう。「多ければ安心」という発想だ。**足し算をすると、人は何となく安心する。**だが、これでは経営はうまくいかない。

「念のため」「とりあえず」「一応」は、足し算を促進する危険な言葉だ。とりあえず増やしたところで、それに集中している企業にはかなわない。

「たくさんあればリスクは分散するだろう」

こう言う経営者もいるが、逆だ。

足し算をして、分散するのは「リスク」ではなく、「経営資源」である。経営資源が分散し、中途半端になり、逆にリスクが高まってしまう。

足し算に陥る理由「多い＝豊か」という幻想

ある経営者

「機能が多ければ、高く売れる」
「機能を省いたら、金をとりにくくなる」
「高く売るためには、機能を増やす必要がある」
「機能を増やすことで差別化できる」

本当だろうか？

たしかに、人口も消費支出も増加し、経済が右肩上がりで成長していた時代は、「量」や「機能」の足し算が企業の成長に直結していた。消費者も、「より大きいこと」「より多いこと」が豊かさにつながると信じていた。「大きいことは、いいことだ」の時代だ。長い間、経営者や技術者にとって「機能が多いほうが価値は高く、機能は減らすものではない」ということが常識だった。右肩上がりの時代に成長をとげた多くの企業には、「足し算」による成功体験が染みついている。だから、いまだに「足し算的な思考」が企業に根強く残っているのであろう。

時代は変わった。

経済が完全に成熟した今、**「消費者は、機能が多い商品を好む」という考えは幻想だ。**逆に、「多機能」が人々のストレスにもなってしまう。

既述のとおり、**シンプルが「高品質」「スタイリッシュ」という高級イメージにつながるのが現代**である。「引き算」が人々にとって、積極的な意味を持ち始めているということだ。足し算企業は、思考回路を変える必要がある。

足し算に陥る理由 「付加価値」という言葉の誤解

ある経営者

「付加価値とは、今ある物に対して価値を付け加えるということであり、現在の製品に何かをプラスする〝足し算方式〟である」

企業が足し算に陥ってしまうのは、もしかすると「付加価値」という言葉がいけないのかもしれない。

「付加価値」という語感には、たしかに「付け加える＝足し算」のイメージがある。このため、「価値」を生み出すために、何かを付加するかばかりを考えて、何かを引き算しようという発想にはなりにくい。だから、いまだに多くの企業が「価値を生み出すために、何を付け加えようか」と考えて続けているのかもしれない。

〝付加価値〟の意味は、「生産段階で新たに付け加えた価値」（『広辞苑』第六版）であって、「何かを加えることで価値が生まれる」という意味ではない。経済が成熟した今日、「足せば価値は増える」という思い込みには要注意だ。

そもそも、「足し算」で価値を測ることに限界がある。豊かさの基準だと思われているＧＤＰ（国内総生産）は、国内でつくられた付加価値をすべて足し合わせたものである。ＧＤＰの推移と日本人の幸福度の関係を見ると、ＧＤＰは戦後から急速に伸びてきたにもかかわらず、日本人の幸福度は横ばいである（大竹他、２０１０年）。足し算が幸福度につながっていないということだ。

21世紀は、引くことによって、価値を生み出すことができる時代だ。**「足す価値」から「引く価値」へ視点をシフトしていくことが必要だろう。**

足し算に陥る理由　短期的な売り上げを追ってしまう

ある経営者「まずは、今日の売り上げです。その方法を教えてほしい」

筆者「……」

業績が不振になると、企業は目の前のことに追われがちだ。「何とか今日の売り上げをあげよう」と目先の収益を求めると足し算が進んでいく。

今日の売り上げを求めるなら、新製品を出せばよい。足し算は、短期的には売り上げの増加につながることがあるからだ。

たとえば、マクドナルドが「ホットドッグ」や「サンドイッチ」を発売したとしよう。驚きや新鮮さで、短期的には売り上げがあがるかもしれない。

だが、長期的にはどうだろうか？

おそらく、売り上げは減少していくことになる。

なぜなら、ハンバーガーショップとしての個性やアイデンティティが喪失し、人を引きつける力、すなわち「引力」が弱くなるからだ。

「これがダメだから、あれも売ってみよう」という足し算思考は、長期的には間違いなく有害になる。

足し算に陥る理由　八方美人

ある経営者「すべてのお客様の要望を同時にかなえたい」

筆者「……」

需要が多様化する今日、目先の利益にとらわれて、すべての顧客の声に迎合し続けていると、どうなるだろうか？

Aさんは「Aが欲しい」、Bさんは「Bが欲しい」、Cさんは「Cが欲しい」と答える。「どれもあったほうがいい」という顧客もいる。従業員に聞いても「とりあえず、あの商品も残しておいたほうがいいのでは……」といった意見が必ず出てくる。

「みんなの声に応えよう」とすると、次々と「足し算」が進み、商品が増殖していく。その結果、品ぞろえには特徴がなくなり、在庫も膨らんでいく。顧客はどの商品を選んでいいのか分からなくなる。

足し算によって、顧客の要望に応えてきたつもりが、逆に、顧客が離れてしまうという現象がおこる。

すべての人々に好かれる企業は存在しない。**すべての人を対象にしようとすると、誰からも受け入れられなくなる。**「軸のない顧客第一主義」は危険だ。

誰にも嫌われない＝誰からも好かれない

安易に顧客に合わせるのではない。しっかりとした「軸」を持って、顧客の一歩先を行くことが大切だろう。

足し算に陥る理由　人は、失うことに恐怖を感じる

「行動経済学」の創始者ダニエル・カーネマンが明らかにしたように、人間は自分がいま持っているモノを失うことに恐怖を感じる。「**損失回避性**」という心理的メカニズムだ。

我々は、すでに持っているものを実際より高く評価してしまう。今まで取り扱っていた商品やこれまであった機能を失うことに恐怖を感じる。ゆえに、「引き算」は一向に進ま

ない。進むのは、「足し算」ばかりだ。

加えて、これまでやってきたことには情が移っている。引き算は、過去や現在を否定することにもつながるから、「やめましょう」とは言いにくい。「過去のしがらみ」「既得権」「前例踏襲」なども、引き算をやりにくくする一因だ。

こういった心理的なメカニズムを避けるためには、「もし、この事業や商品がなかったら、もう一度ゼロから始める価値があるだろうか」と自らに問いかけてみよう。ゼロから始める価値がまったくないのなら、引き算をしたほうがよい。

足し算に陥る理由 捨てることは学んでこなかった

もしかすると、足し算思考の底流には、「教育」があるのかもしれない。これまで私たちが受けてきた教育は、かなりの部分、知識の「足し算」に支配されてきたのではないか。それぞれの科目で、知識を積み上げていく教育である。「知っていること（知識）」や「覚えていること（記憶力）」が重要で、そのような能力が試験によって評価されてきた。

一方で、「捨てること」「やらないこと」の積極的な意義は現代の学校教育からは抜け落ちている。学校で習うのは文字通りの「減らす引き算」であり、**「価値を生み出す引き算」は教えてくれない。**

図2-1　なぜ足し算が進むのか

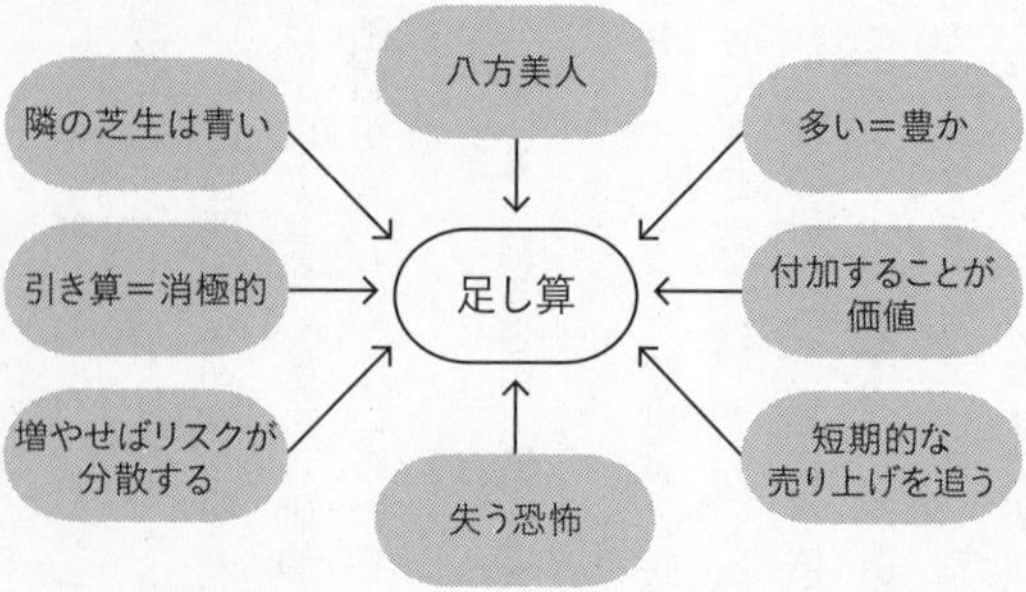

「学んだことを忘れてしまったあとに残るものこそが教育である」（アインシュタイン）

これからの社会で重要なのは、知識の足し算ではない。それはコンピュータが肩代わりしてくれる。

大切なのは、知識を活かして「新しい価値を生み出す力」である。新しい価値は、単純な知識の足し算では生まれない。それどころか過去の知識が新しい発想を妨げることもある。

知識を生かすためには、必要のないものを引き算する力、重要なものを選択する力、選択した知識を掛け算する力などが欠かせない。

重要な情報を選び出し、活用することは、単純に情報を覚えることよりも、はるかに難しい。自分なりの価値観がないと選べないからだ。教育においても、「足し算」から「引き算」への視点の転換が求められているのかもしれない。

「足し算」に陥らないために、心に刻むべきこと

本章で見てきたとおり、意識をしなければ、「足し算」が進んでしまう。ここで、**足し算に陥らないために、心に刻んでおくべきこと**をまとめておこう。

次の8項目だ。

- 隣の芝生は青くない。大切なものは自分の足元にある
- 前向きな「やらない」、積極的な引き算がある
- 「多い＝豊か」ではない
- 増やすと、経営資源が分散する
- 全員に好かれようとすると、誰にも好かれなくなる
- 「付加する価値」から「引く価値」へ視点をシフトする
- 目先の売り上げを追わず、長期的な視点で考える
- 「引くこと」は怖くない

CHAPTER3

足し算企業は、なぜ沈むのか？

近年、好調な企業を見てみると、事業分野や取扱商品を絞り込んだ「引き算企業」であることが多い。逆に、「豊富な商品構成で、あらゆるニーズに対応します」と言って、総合的に事業分野を広げる「足し算企業」は、その多くが不振に陥っているようだ。

ダイエットで病気になる人よりも、食べ過ぎで病気になる人のほうが圧倒的に多いが、企業も同じだ。「引き算」で病気になるのではなく、「足し算」で病気になる企業が多い。

なぜ、「足し算企業」は沈みやすいのだろうか。本章ではこの点について見ていこう。

沈む理由　足し算をすると、個性が希釈化する

Q　どちらの店の「ケーキ」に魅力を感じますか？

A店　こだわりのオリジナルケーキを販売する店
B店　こだわりのオリジナルケーキ、菓子、パン、清涼飲料水、食料品を販売する店

消費者1000人調査の結果は、次のとおり。

①A店　58・4%　②どちらともいえない　25・2%　③B店　16・4%

A店もB店も同じように「こだわりのオリジナルケーキ」を扱っているため、回答の選択肢には「どちらともいえない」という選択肢も用意した。にもかかわらず、圧倒的に多くの回答者がA店のケーキに魅力を感じると答えている。

このシンプルな調査から分かるのは、**足し算をすると「個性」や「こだわり」が薄まる**ということだ。ケーキ以外にさまざまな商品を足し算すればするほど、ケーキの個性が薄まってしまう。

消費者のニーズが多様化する**21世紀は、「個性」が顧客満足度に直結する時代**だ。この

図3-1　個性が顧客満足度につながる

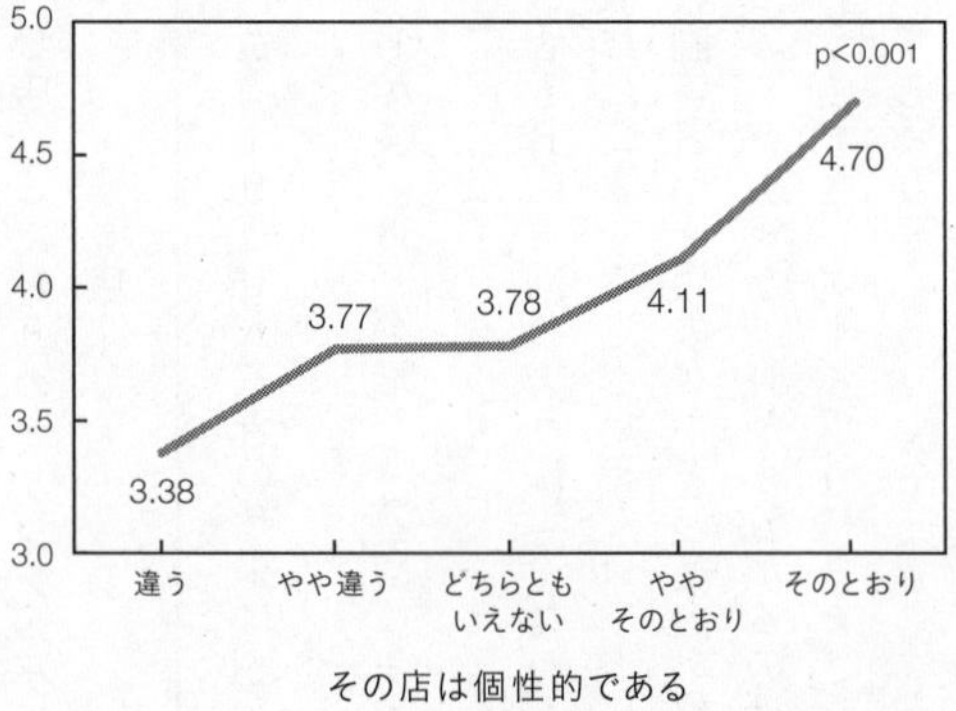

注）回答者が実際に利用している店を1店思い浮かべてもらった。
顧客満足度は5ポイントスケールで評価、全国消費者1000人調査

ことは、図3－1の消費者1000人調査の結果からも示唆される。

今日、「平均」「無難」「まあまあ」といった言葉はすべてNGワードなのである。

沈む理由　足し算をすると、経営資源が分散する

日本の企業の**99・7%が中小企業**である。資源が豊富にある大企業と違い、経営資源が乏しい中小企業は、「限りある資源」を「限りなく効果的」に活用しなければいけない。

経営資源に差がなければ、何かに絞り込んだほうが強い。限られた経営資源で足し算をすると、エネルギーが分散され、本当に大切なものに集中できなくなってしまう。

図3-2 拡大しているように見えるが、実は浅くなっている

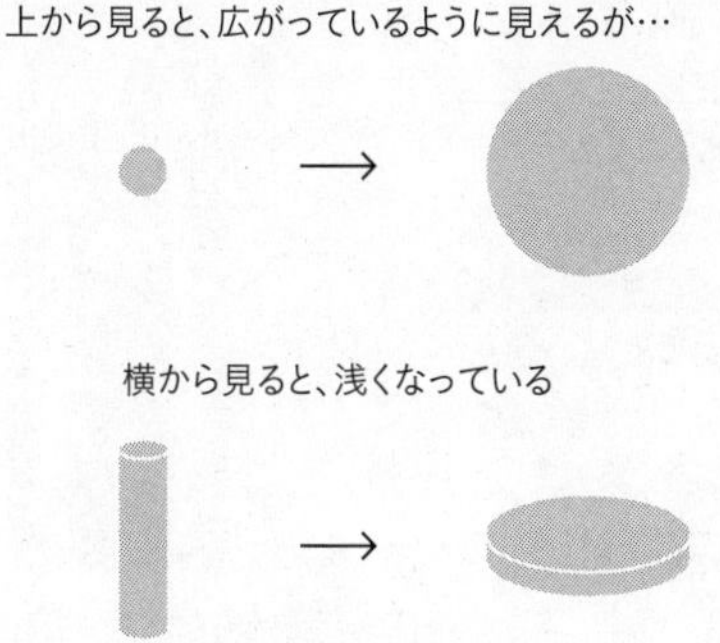
上から見ると、広がっているように見えるが…
横から見ると、浅くなっている

「企業体の中にあって、何をやめるべきかが、非常に大切なことである。新しいよい分野に展開する秘訣は、必ず捨てなければならない分野のものを捨てることであろう。資力に限度があり、スペースに限度があり、特に能力のある人に限度があることを知らなければならない」（ソニー創業者井深大）

限られた経営資源で足し算をすると、経営はどんどん浅くなっていく。

図3－2を見てほしい。真上から見てみると、たしかに拡大しているように見えるが、横から見てみると浅くなっている。浅くなれば、他社には真似をされやすくなるし、個性が薄まり、競争力も低下していく。

図3-3　「足し算」は競争、「引き算」は共存

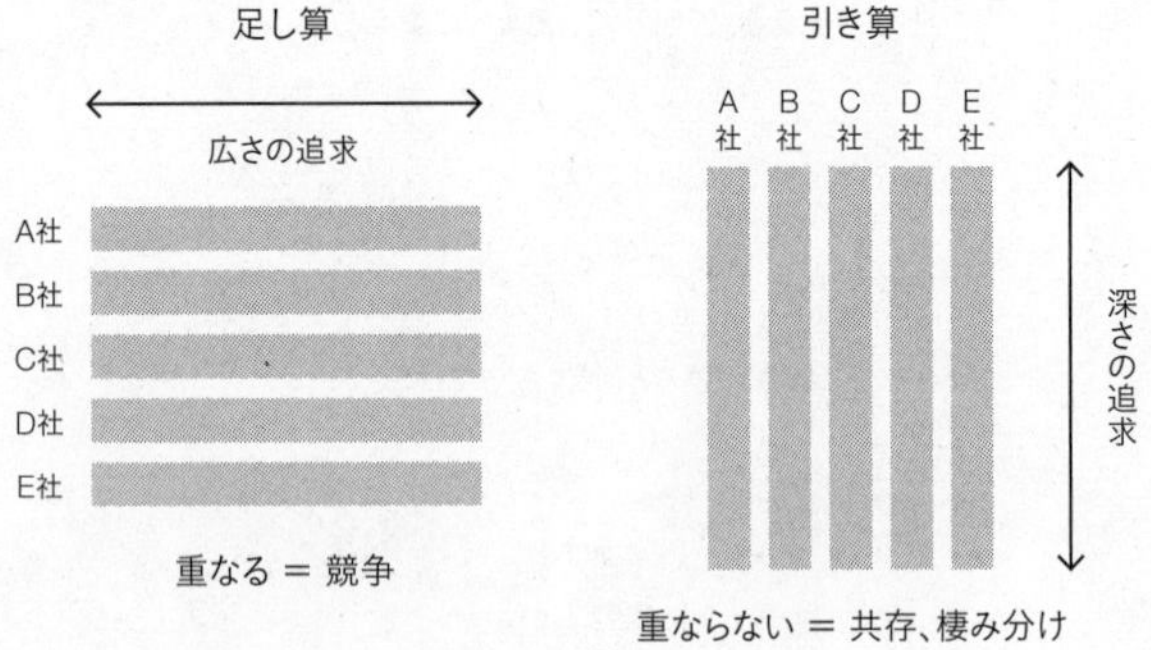

沈む理由　足し算をすると、競争が厳しくなる

足し算企業が沈む理由のひとつに、足し算をすると競争条件が厳しくなることがあげられる。図３－３の左側を見てみよう。足し算をして拡げれば拡げるほど、他社と重なりができる。つまり、「足し算」は競争を促進するということだ。

競争が厳しくなればなるほど、価格競争に巻き込まれやすくなり、収益は減少していく。**足し算企業は、儲かりにくい**ということだ。「足し算」の行きつく先は、勝つか負けるか、他社との熾烈な競争である。最終的に、勝つのは少数の規模の大きな企業だろう。

加えて、**足し算は他社に真似されやすい**。一時的に成功したとしても、経営資源に余裕のある別

図3-4 引き算企業ほど、競合企業は少ない

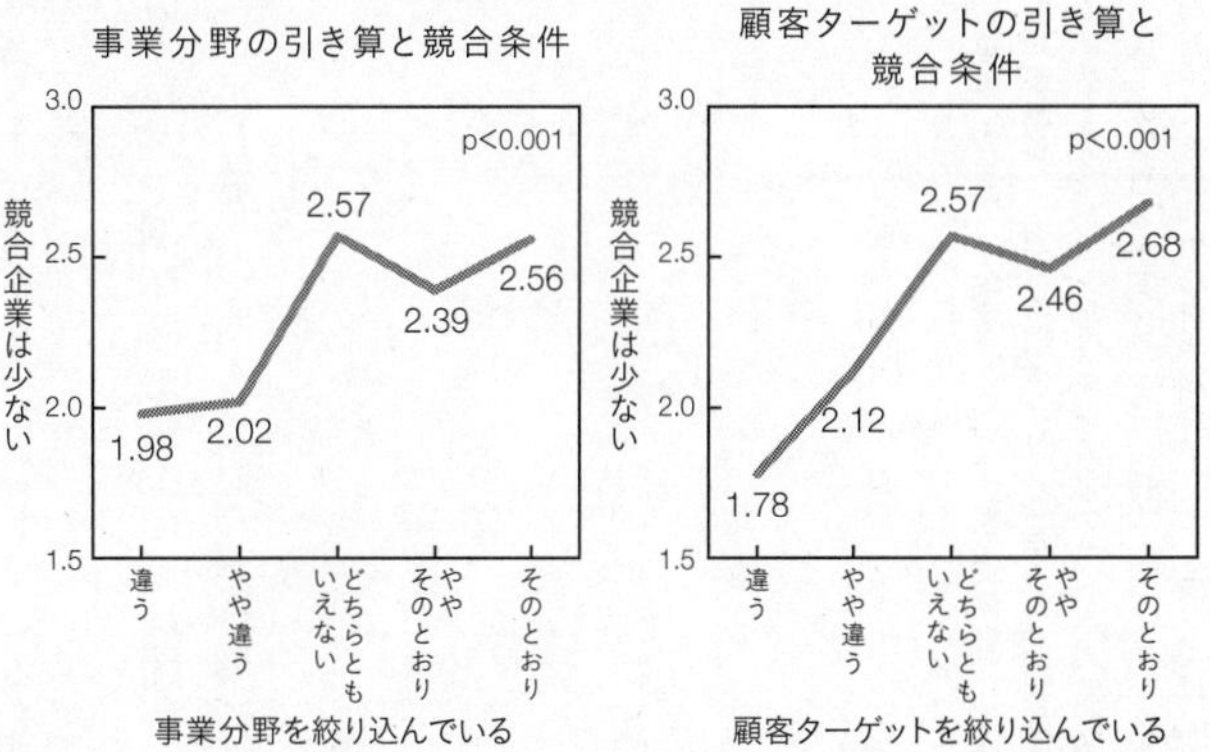

注）「競合企業は少ない」は「そのとおり」5～「違う」1の5ポイントスケールで測定。全国経営者1000人調査

の企業にすぐ模倣されてしまう。

一方、「引き算の戦略」においては共存が可能だ。

図3－3の右側を見てほしい。それぞれの企業が引き算をして、深さを追求すると、他社との重なりが生じにくくなる。引き算の競争では、小さくても、個性があるものが生き残ることができる。

また、**引き算は他社に真似されにくい。**足し算企業が同じことをやろうとしても、すでに持っている経営資源が足かせになるためだ。

引き算は棲み分けにつながるため、社会に多様性をもたらす。多様性は、社会に活力をもたらす源泉になるはずである。

図3－4のグラフに示す通り、事業分野

や顧客ターゲットを引き算している企業ほど、競争企業は少ないことがデータからも示唆される（注1）。

「引き算」で倒産した企業の話は聞いたことがなくても、事業領域や取扱商品の拡大といった「足し算」で消えていった企業には覚えがあるだろう。

［注］

1　「経営者1000人調査」は、全国の従業者数50人以下の中小企業（業歴2年以上）の経営者、個人事業主、自営業者を対象に実施した。調査時期は2014年1月。調査方法は、株式会社ネオマーケティングが運営するアンケート専門サイト「アイリサーチ」を用いたウェブアンケート方式である。以下、本書で「全国経営者1000人調査」「経営者1000人調査」とはこの調査を示す。文中で、特に断りがない経営者データについても、すべて出所はこの調査である。なお、これ以外の経営者調査データについては、その都度、出所を明示している。

引き算の思考方法

戦略の「略」は、省略の「略」だ。「略」とは、大事なところだけ残して、他をのぞき去ること。はぶくこと（『岩波国語辞典』第七版）。「戦略とは捨てることなり」とも言われるゆえんだ。だとすると、「何をしないか」を考える「引き算の戦略」こそが、戦略の本質だといえるだろう。

「何をしないかを決めることは、何をするかを決めるのと同じぐらい重要だ」（スティーブ・ジョブズ）

この考えがなければ、アップルが世界一のブランドになることはなかったはずだ。とはいえ、**深く考えず、やみくもに「引き算」をしても失敗するだけ**である。「何をしないか」というのは極めて高度な意思決定だ。

では、引き算に成功するためには、どのような思考スタイルを持つべきなのか。本章ではこの点について検討しよう。

引き算の思考　脱総合

筆者「もっと品ぞろえに特徴を出したほうがいいのでは？」
経営者「すでにいろいろな商品を扱っているので、これ以上、新しい商品を取り扱う余裕がありません」

経営者の方にアドバイスをすると、こんな答えが返ってくることがよくある。品ぞろえに特徴を出すのに必要なのは、新しい商品だろうか？

そうではない。**「特徴を出す」ために必要なのは、新しい商品を扱うことではなく、既存の商品群から何かを「引き算」することだ。**

「引き算すると売り上げも減ってしまうのでは？」

こう心配する経営者も多い。次の質問に答えてほしい。

Q ここに2つの店があるとします。あなたは、どちらの店でラーメンを食べたいですか？

A店 ラーメンだけを提供する店
B店 ラーメン、うどん、そば、カレーライスを提供する店

消費者1000人調査の結果は、次のとおりだ。

A店 80・9% B店 19・1%

圧倒的に多くの消費者は、ラーメンだけを提供する「A店」を選ぶ。「B店」もラーメンを扱っているはずなのに……。

このことは、品ぞろえの総合化によって、「引力」が弱まることを示唆している（図4－1）。**ラーメンを売る企業と、ラーメンも売る企業の違いは大きい**。引力を高めるには、「も」ではなく「を」で勝負することが必要だ。

総合的に品ぞろえをする「デメリット」は、それだけではない。

図4-1　「足し算」をすると「引力」が弱まる

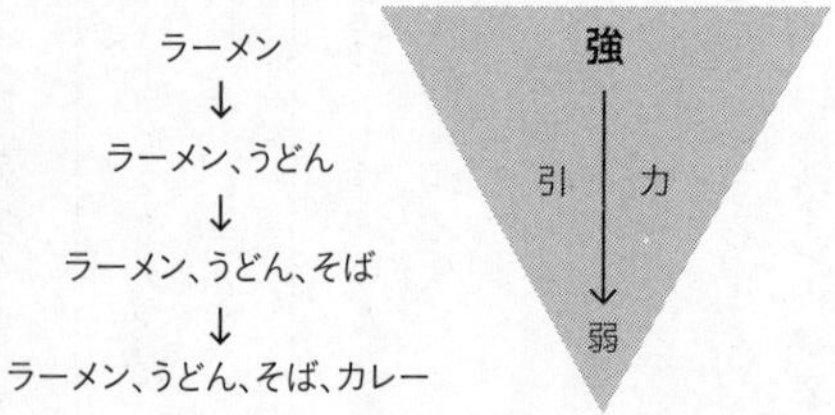

B店にとっては、ラーメン専門店も、うどん専門店も、そば専門店も、カレー専門店もすべて直接的なライバルになる。**足し算をすればするほど、競争条件が厳しくなる**ということだ。

おそらくB店は、ラーメン専門店のみならず、うどん専門店にも、そば専門店にも、カレー専門店にも勝つことができないだろう。需要が多様化する今日、「総合」が「専門」を超えることは難しくなっている。

引き算の思考　伝えすぎない

Q どちらの学生が、面接で高い評価を受けると思いますか？

Aさん「私は、英語の勉強に、徹底的に打ち込みました」

Bさん「私が打ち込んだのは、英語と数学と国語と社会と理科の勉強です」

消費者1000人調査の結果は、次のとおりだ。

Aさん 78・8%
Bさん 21・2%

圧倒的に多くの人が、「Aさん」のほうが高い評価を受けると回答する。つまり、Aさんが採用されやすいということだ。たしかに、いろんなことを経験しましたという「足し算型」の学生よりも、何かに打ち込み、一芸に秀でた「引き算型」の学生のほうがインパクトがあるし、記憶にも残る。

筆者が勤務する大学では、4年生全員が公開で卒業論文のプレゼンテーションを行う。この原稿を執筆している今がちょうど学生の卒論プレゼン時期だ。

ゼミナールで、最初のリハーサルをしてみると、ほぼ全員が持ち時間を上回る量のスライドを準備してくる。本番の制限時間が10分だとすると、平均15分程度の内容を盛り込んでくる。

気持ちはよく分かる。

「せっかくの卒論の成果をたくさん伝えたい」

「あれも伝えたい、これも伝えたい」

リハーサルでもっとも大切な作業は、**「何を話さないか」を決めることだ。**捨てるスライドを決めるのである。制限時間の10分ではなく、8分程度になるように引き算する。するとどうだろう。

リハーサルでは「話すことに夢中」だった学生が、本番では「伝えることに集中」できる。「引き算」を経た学生のプレゼンはとても魅力的だ。

企業も同様である。顧客を引きつけるために大事なことは、**「情報をいかに足すか」ではなく、「情報をいかに引くかである」である。**

売り手には、「できるだけ、たくさん良い点を伝えたい」という想いがある。このことは、企業のパンフレットやウェブサイトを見てみるとよく分かる。自社の「強み」が、これでもかと同列に並んでいることが多い。

「当社の商品には、長所がたくさんあるのに選ばれない」

こういった話をたびたび聞くが、もし、そうだとすると、**長所を伝えすぎていることが**

問題なのかもしれない。引き算ができていないから、伝えすぎる。伝えすぎるから、伝わらない。伝わらないから、選ばれない、という悪循環だ。

引き算ができない↓伝えすぎる↓伝わらない↓選ばれない

人の情報の処理能力には限界がある。情報が洪水のようにあふれる今日、誰かに選ばれるためには、「伝えすぎない」ことが大切なのである。

引き算の思考 「弱み」の克服より、「強み」の伸長

Q あなたの「長所」と「短所」を思い浮かべてください。どちらの数のほうが多いですか？

A 長所の数のほうが多い
B ほぼ同じ
C 短所の数のほうが多い

A 16・6％ B 45・3％ C 38・1％

注目すべきは「短所の数のほうが多い」と回答する人が「長所の数のほうが多い」と回

図4-2　弱みの改善か、強みの伸長か

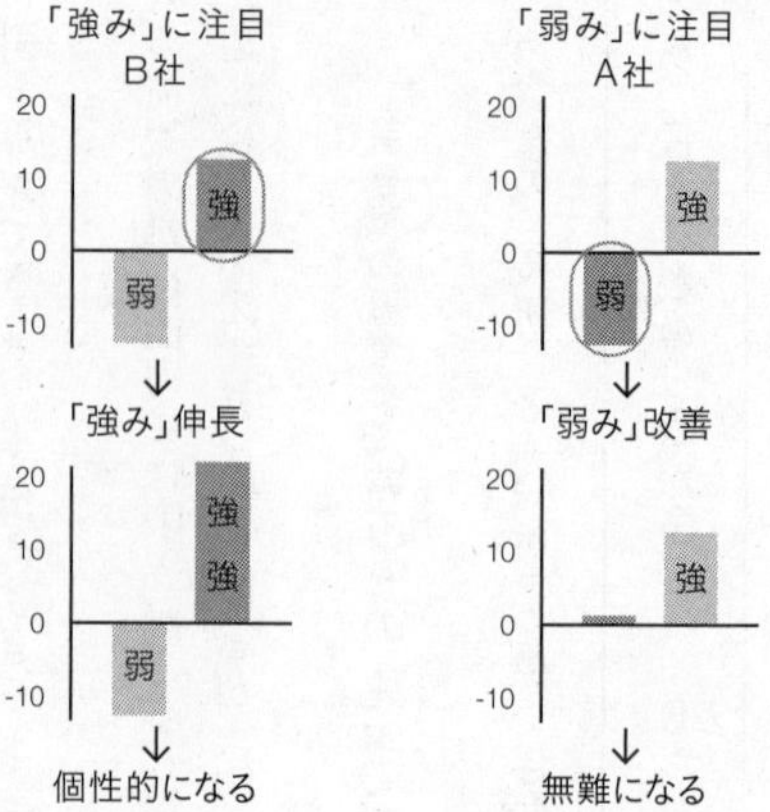

答する人の2倍以上もいることである。**人は、自分の短所や弱みに目が行きがちだ。**

短所に目をやり、弱点を改善しようとすると、「これも改善しなければ、あれも改善しなければ」と、たちまち足し算のワナに陥ってしまう。

以下のA社とB社を比べた場合、どちらが社会的に求められるだろうか。

A社　マイナス10を0にした企業、すなわち「欠点をなくした企業」

B社　プラス10を20にした企業、すなわち「長所を伸ばした企業」

A社は、図4－2の右に該当する。この図から分かるとおり、弱みの改善によって得られるものは「無難」である。成熟社会の今日、「良くも悪くもない」ものを消費者が選ぶ理由はない。「無難」は、消費者の心に響かない。かつては、無難であれば「難」がなかったが、今は**無難は「難有」**の時代だ。

一方、B社は図4－2の左に該当する。「強み」に焦点を当て、それを伸ばせば、より個性的になる。顧客にとって、「選ぶ理由」が明確になるということだ。

A社のように「無難な企業」ばかりが集まる社会と、B社のように「個性あふれる企業」がたくさん存在する社会。どちらが豊かな社会につながるだろうか。

答えは明白だろう。

「何事かを成し遂げられるのは、強みによってである。弱みによって何かを行なうことはできない」（ピーター・ドラッカー）

誰にも弱点があるのは当然だ。これを補ってあまりある強みがひとつでもあればよい。**ひとつの「強み」を徹底的に伸ばすことは、10の「弱み」を改善するよりも、はるかに有益である。**

「弱み」の克服でなく、「強み」を伸ばすことによるメリットは、それだけではない。次の質問に答えてほしい。

Q あなたは、どちらが楽しいと感じますか？

A 自分の長所を磨く努力をする　B 自分の短所を克服する努力をする

消費者1000人調査の結果は、以下のとおりである。

A 81・4%　B 18・6%

圧倒的に多くの人は、「自分の長所を磨く努力をする」ほうが楽しいと回答する。人は、弱みを改善するよりも、強みを伸ばすほうが楽しいのである。

であれば、「弱いところを直せ」と言うのではなく、**「強いところを伸ばせ」と言ったほうが、メンバーのモチベーションが明らかに高まる**はずだ。

「強み」の条件

ただし、ここで忘れてはいけないのは、**「強み」には条件がある**ということである。

第一は、顧客にとって価値があることである。自分が「強み」だと思っていても、顧客にとって価値がなければ、それは「強み」ではない。独りよがりだ。逆に、自分が「弱み」だと思っていても、顧客が価値を感じれば、それは「強み」である。強みは、顧客が決めるということだ。

第二は、独自性があることである。自社にとって「強み」だと思っていることが、競合他社にとっても「強み」であれば、それは真の強みとはならない。顧客にとって、その企業を選ぶ理由にはならないからだ。

第三は、自社の専門性や独自の技術などを背景としていることである。他社に容易に真似をされてしまうような「強み」は、真の強みとはいえない。真似されにくいことが真の強みの条件である。

図4-3　「強み」の3条件

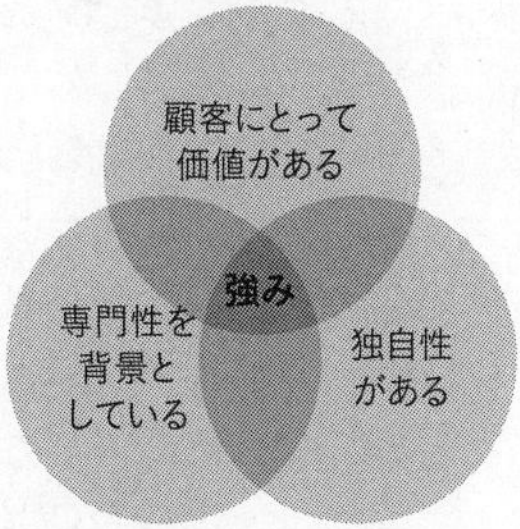

この3つの条件が重なる部分が、真の「強み」ということになる（図4－3）。企業などでも、盛んに「**SWOT分析（強み・弱み・機会・脅威の分析）**」が行われているが、このような条件を無視して、自己満足的に思いつく「強み」を列挙しているケースが頻繁にある。注意が必要だ。

引き算の思考　核となる商品をつくる

引き算に成功するためには、「核となる商品」（以下、「核商品」）が欠かせない。「核商品」がない企業が引き算を続けたら、最終的に何も残らなくなる。**何かを引き算するということは、別の何かに徹底的にこだわるということ**である。

核商品が明確であると、何を引き算すべきか、何を引き算してはいけないのかが判断できる。核商品の価値とは無関係な要素や、核商品の価値を低下させる要素は積極的に引き算していく。一方、核商品の価値を高める要素は引き算すべきではない。

Q　A店とB店、どちらの店にひかれますか？

あなた「おすすめメニューは何ですか？」
A店の従業員「当店は、どのメニューもおすすめです」
B店の従業員「当店は、このメニューがおすすめです」

消費者1000人調査の結果は、以下のとおりだ。
A店 12・1% B店 87・9%
約9割の回答者が選ぶのがB店だ。

A店とB店の従業員の言葉の違いはわずか2文字。だが、この違いが大きい。圧倒的に消費者の支持を受けるのは、「明確なおすすめがある店」である。

たしかに、おすすめのメニューを聞いたときに、「どのメニューもおすすめです」と回答するお店は、顧客を引きつける力が弱く、たいていは元気がない。

先日、ある市の委員会に出席したところ、その市の商店街連合会が作成した商店マップが配られた。大のパスタ好きの筆者が注目したのは、2店のパスタレストラン。マップに掲載されていた両店のキャッチコピーは、下記のとおりだ。

A店「いろいろな種類のパスタがあります」
B店「ウニクリームスパゲッティーが人気です」

委員会の席上、地元の委員の方に、A店とB店のどちらが繁盛しているか聞いてみた。
答えは……、言うまでもないだろう。

引き算の思考　メリハリをつける

Q どちらの文字列にインパクトを感じますか？

① ABCDE　② ABCDE

消費者1000人調査の結果は、以下のとおり。
① 88・3%　② 11・7%

圧倒的に多数の回答者が①を選ぶ。

ちなみに、文字サイズの合計が大きいのは、選ばれなかった②のほうである（①は20＋10×4＝60ポイント、②は13×5＝65ポイント）。①は、文字サイズの合計が小さいにもかかわらず、選ばれる。

そう、**メリハリをつけると、小さくても、力強くなる**ということだ。

メリハリをつけるとは、優先順位を決め、意識的に何かを強調することである。引き算に成功するためには、効率化する部分は効率化するが、**力を入れるところには、たとえ非効率であっても手間をかける**という発想が大切になる。

メリハリをつけるメリットは、もうひとつある。**ハロー効果（後光効果）**だ。これは、**何か1つが突出していると、他の要素のレベルも高いと思われやすい**という心理的メカニズムである。

①の例だと、ABCDEが、ハロー効果が作用するとABCDEになる。Aが優れているのなら、BCDEのレベルも高いだろうという連想が働く。逆に、②のように、バランスよくアピールすると、ハロー効果は作用しない。

つまり、「すべての商品が平均的に美味しい和菓子屋」はハロー効果が働かないが、「大福がとびっきり美味しい和菓子屋」は、ハロー効果が作用し、饅頭など他の商品も美味しいと思われやすいということだ。

情報があふれる今日、何かで引きつけなければ、注目してもらえない。引き算の思考で、メリハリをつけることが必要である。

引き算の思考 「余白」を大切にする

以下の文字列を、1秒だけ見てほしい。何と書いてあるか分かるだろうか?

THISISAPEN

一瞬見ただけでは、よく分からないはずだ。

次はどうだろうか。

This is a Pen

今度は、1秒見ただけで分かるだろう。文字に大小の「メリハリ」をつけ、「余白」を入れると一気に伝わりやすくなる。

企業経営も同様である。

選ばれる企業になるためには、**引き算の思考で「メリハリ」と「余白」を設ける**必要がある。

だが、現実はどうだろう。

「THISISAPEN」的企業と「This is a Pen」的企業のどちらが多いだろうか？

企業や地方自治体のパンフレット、カタログ、ウェブサイトを見ると分かる。「あれも伝えよう」「これも伝えよう」と、「THISISAPEN」的な詰め込みすぎが多いのが現実だろう。

「THISISAPEN」は受け手のことを考えない、売り手中心の発想だ。

「引力」を高めるためには、「This is a Pen」のような「メリハリ」と「余白」が欠かせない。

詰め込みすぎには、要注意だ。

引き算の思考　制約をチカラに変える

「人がいないから、できない」
「金がないから、できない」
「設備が十分にないから、できない」

中小企業の経営者から、このような言葉を聞くことが多い。だが、小さな企業が資源の制約を嘆いても何も始まらない。「人が少ない」「金がない」「設備が十分にない」からこそ、中小企業なのである。

引き算の経営に成功するためには、制約をチカラに変えようという発想が欠かせない。以下のように、「制約」にはポジティブな側面があるはずだ。

①制約があるから、引き算が促進され、本質的な魅力を引き出すことができる。
資源が少なければ、限られた資源を限りなく効果的に利用しようという気持ちが働く。資源が限られているからこそ、制約の中で価値を生み出そうと努力をする。

②制約があるから、真に重要なことに集中できる。

お金がなくて、人手もかけられなければ、何かに焦点を絞らざるを得ない。ゆえに、コンセプトが明確になり、〝とんがり〟が生まれやすくなる。

③制約があるから、工夫が生まれる。

制約があれば、徹底的に考え抜くようになり、革新的になる。制約があればあるほど、クリエイティブに考えざるを得ない。制約に立ち向かうことによって、エネルギーが生まれ、創造的な成果をあげることができる。

制約には、人をクリエイティブにする力があることが知られている。資源の制約で身動きが取れなくなったとき、創造力のスイッチが入るということだ。

逆に、豊富な経営資源があり、制約が少ないことは、デメリットにもなり得る。「何でも自由にやってください」では、創造性が発揮しにくい。資源がありすぎると、「あれもやろう、これもやろう」と引き算ができない。

引き算ができないから、顧客を引きつけることができない。

事実、資源の制約が少ない大企業が、さまざまな領域に手を広げ、結果的に中途半端な事業を抱え込み、成果を出せずに終わることは多い。

下記のように、資源がないから「**できない**」という言葉は、視点や発想を変えることによって、すべて「**できる**」に置き換えることができるはずだ。

制約をチカラに変えよう。

（できない）	**視点の転換**	**（できる）**
規模が小さいからできない	↓	規模が小さいからできる
地方だからできない	↓	地方だからできる
人が少ないからできない	↓	人が少ないからできる

引き算の思考　「ヨコの成長」ではなく、「タテの成長」

引き算の戦略に成功するには、「ヨコの成長」ではなく、「タテの成長」を志向することが大切になる（図4－4）。

たとえて言うと、**土地をむやみに「広げる」のではなく、自分の土地を「深く耕す」**といったイメージだ。いま自分を支えてくれている土地をしっかりと耕し、豊かな収穫を求めていく。これが引き算の思考である。

図4-4　ヨコの成長から、タテの成長へ

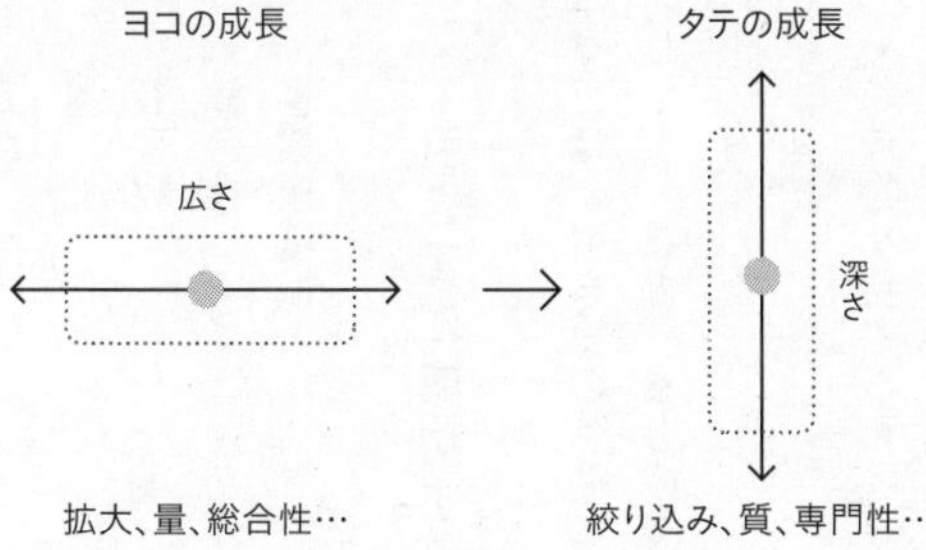

「ヨコの成長」と「タテの成長」を比較すると以下のようになる。

- ヨコの成長は「広さ」の追求だが、タテの成長は「深さ」の追求である
- ヨコの成長は「量」の追求だが、タテの成長は「質」の追求である。
- ヨコの成長は「顧客数」の追求だが、タテの成長は「顧客との絆」の追求である。
- ヨコの成長は「総合性」の追求だが、タテの成長は「専門性」の追求である。

社会が成熟化し、人口も減りはじめた今日の我が国において、「ヨコの成長」と「タテの成長」のどちらが社会的にも求められるだろうか。

答えは明らかだろう。

ヨコの成長		タテの成長
広さ		深さ
量		質
顧客数	↓	顧客との絆
総合性		専門性
事業領域拡大		事業領域の絞り込み

引き算に成功するための思考スタイル

本章では、引き算の戦略に成功するためには、どのような思考スタイルを持つべきかを検討した。ここで、まとめておこう。

以下の8項目だ。

- 総合的な品ぞろえはしない
- 情報を伝えすぎない
- 「弱み」を克服するよりも、「強み」を徹底的に伸ばす
- 核となる商品をつくる

- 優先順位をつけて、メリハリをつける
- 余白を大切にして、詰め込みすぎない
- 制約をチカラに変える
- 「ヨコの成長」ではなく、「タテの成長」を志向する

PART2

シンプルは、パワフル

CHAPTER5

引き算企業は、本当に強いのか？

ここまで、「引き算」の重要性について検討をしてきた。それでは、引き算をすると本当に強くなるのだろうか？

本章では、全国の中小企業の経営者1000人を対象とした調査データを利用して、「引き算」と「業績」の関係を統計的に検証してみよう。

なお、分析にあたって対象企業の「業績」は、図5－1のように「業況」「経常利益」「経常利益の推移」の3つの変数を利用して測定をした(注)。具体的には、主成分分析という統計手法を用い、3変数を1つの主成分に集約し、この主成分の得点を「業績スコア」とした。

この「業績スコア」は平均0、標準偏差1に標準化されているので、0より大きければ相対的に「好業績」、0より小さければ「業績が良くない」と判断できる。

図5-1　業績の測定

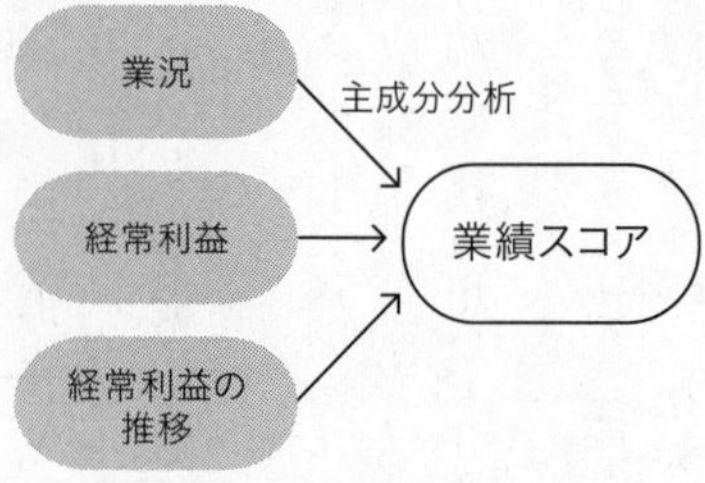

以下、「引き算」と「業績」の関係について、分析結果を見ていこう。

引き算の意識と「業績」の関係

まず、「シンプルな経営」を志向する経営者意識が「業績」に結び付いているのかを見てみよう。

具体的には、全国の経営者1000人に「シンプルな経営を志向しているか」を質問し、「そのとおり」（5）～「違う」（1）の5ポイントスケールで回答を求め、その回答と「業績スコア」との関係を見た。

分析結果は図5－2のとおりである。

グラフが右肩上がりであることから、シンプルな経営を志向するほど、業績が良くなっていることが視覚的にも明らかだろう。

図5-2 「シンプルな経営を志向」と「業績」との関係

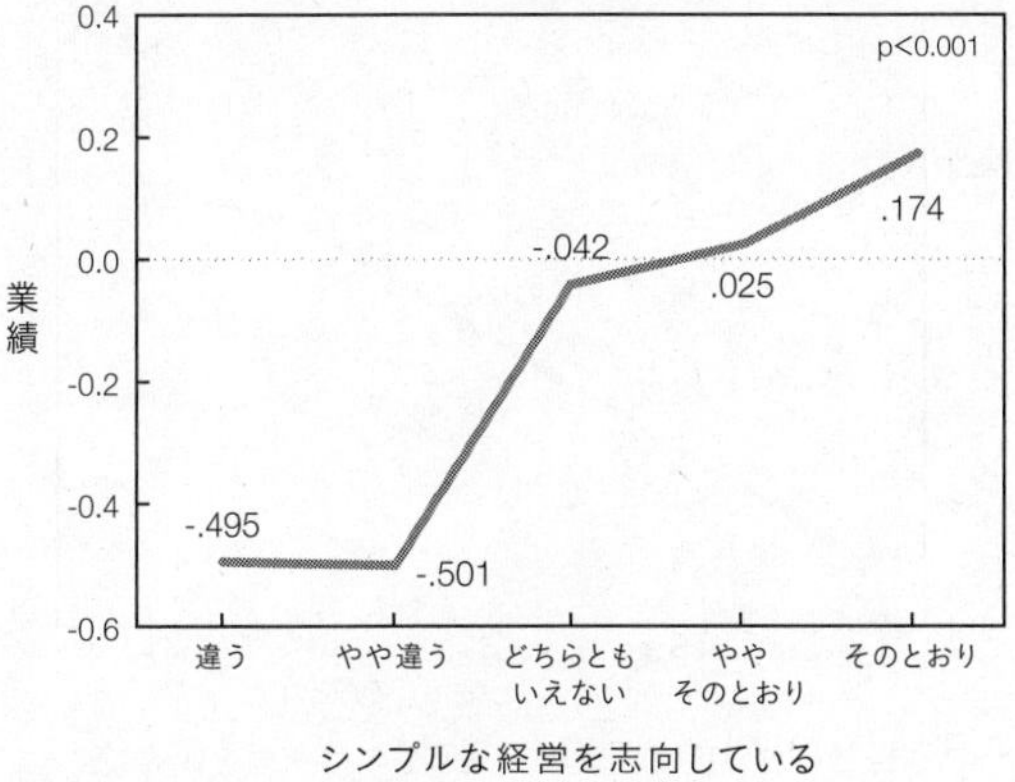

表5-1 シンプルな経営と業況

	好調	停滞	不振
シンプルな経営を志向している	29.7%	37.6%	32.7%
シンプルな経営を志向していない	10.0%	30.0%	60.0%

注）「シンプルな経営を志向している」との質問について「そのとおり」と回答した企業と「違う」と回答した企業とを比較。好調は「好調」と「やや好調」の合計。不振は「不振」と「やや不振」の合計。p<0.05

表5－1は「シンプルな経営を志向している企業」と「シンプルな経営を志向していない企業」で業況を比較したものである。

「シンプルな経営を志向している企業」の29・7％が「好調」であるが、「シンプルな経営を志向していない企業」の好調割合はわずか10・0％にとどまっている。シンプル経営を志向するか否かで、好調企業の割合が3倍も異なるということ

図5-3　「二兎を追うものは一兎をも得ず」と「業績」との関係

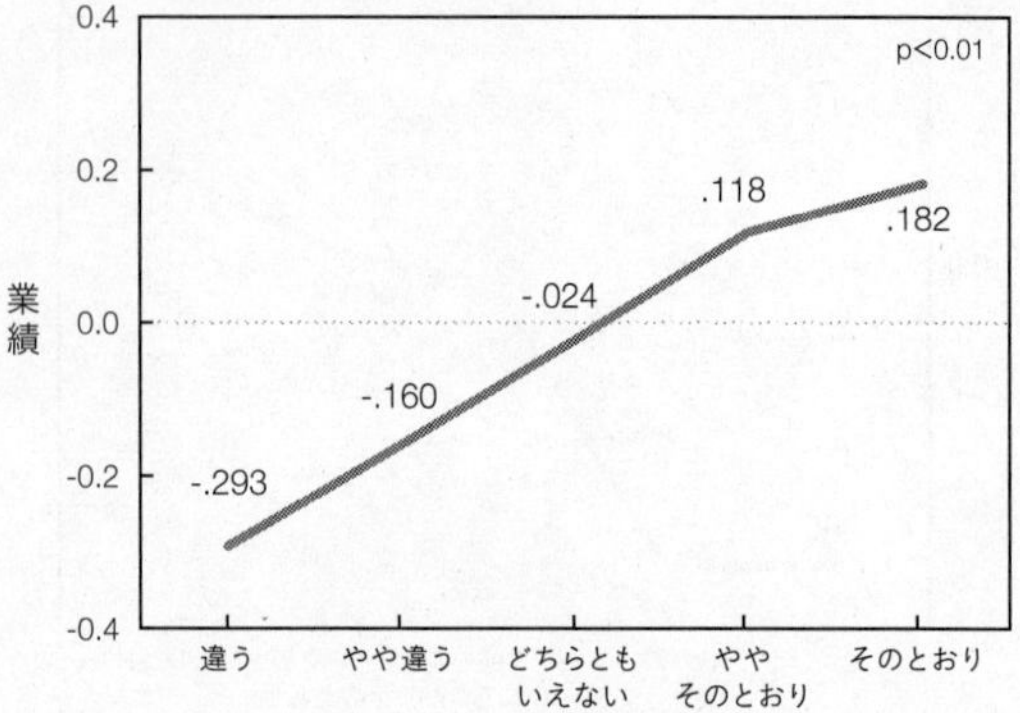

経営においては、「二兎を追うものは一兎をも得ず」

表5-2　「二兎を追うものは一兎をも得ず」と業況

	好調	停滞	不振
二兎を追うものは一兎をも得ずだと思う	30.5%	35.4%	34.1%
二兎を追うものは一兎をも得ずだと思わない	12.5%	37.5%	50.0%

注）「経営においては、二兎を追う者は一兎をも得ずだと思う」との質問について「そのとおり」と回答した企業と「違う」と回答した企業とを比較。好調は「好調」と「やや好調」の合計。不振は「不振」と「やや不振」の合計。
$p<0.05$

とだ。

続いて、「二兎を追うものは一兎をも得ず」という格言で、経営者のシンプル志向を測定してみた。具体的には、経営者に「経営において、二兎を追うものは一兎をも得ずだと思うか」を質問し、「業績スコア」との関係を見た。

結果は図5－3のとおりだ。

きれいな右肩上がりの折れ線に示されるよ

うに、「二兎を追うものは一兎をも得ず」と考えている経営者ほど、好業績をあげていることが分かる。とても興味深い結果だ。

表5－2は「〝二兎を追うものは一兎をも得ず〟と考えている経営者」と「〝二兎を追うものは一兎をも得ず〟と考えていない経営者」で業況を比較したものである。「二兎を追うものは一兎をも得ず」と考える経営者の30・5％が「好調」であるが、「二兎を追うものは一兎をも得ず」とは考えていない経営者を見ると、好調割合はわずか12・5％にすぎない。

引き算の行動と「業績」の関係

続いては、引き算に関連する経営行動と「業績」の関係を検討しよう。まず、「事業分野の引き算」とその企業の「業績」には関係があるのだろうか。

結果は図5－4のとおりだ。事業分野の引き算と業績の間には、統計的にも明らかに有意な関係が見てとれる。

表5－3を見ると、「事業分野を絞り込んでいる」企業の30・9％が「好調」であるが、

図5-4　「事業分野の引き算」と「業績」との関係

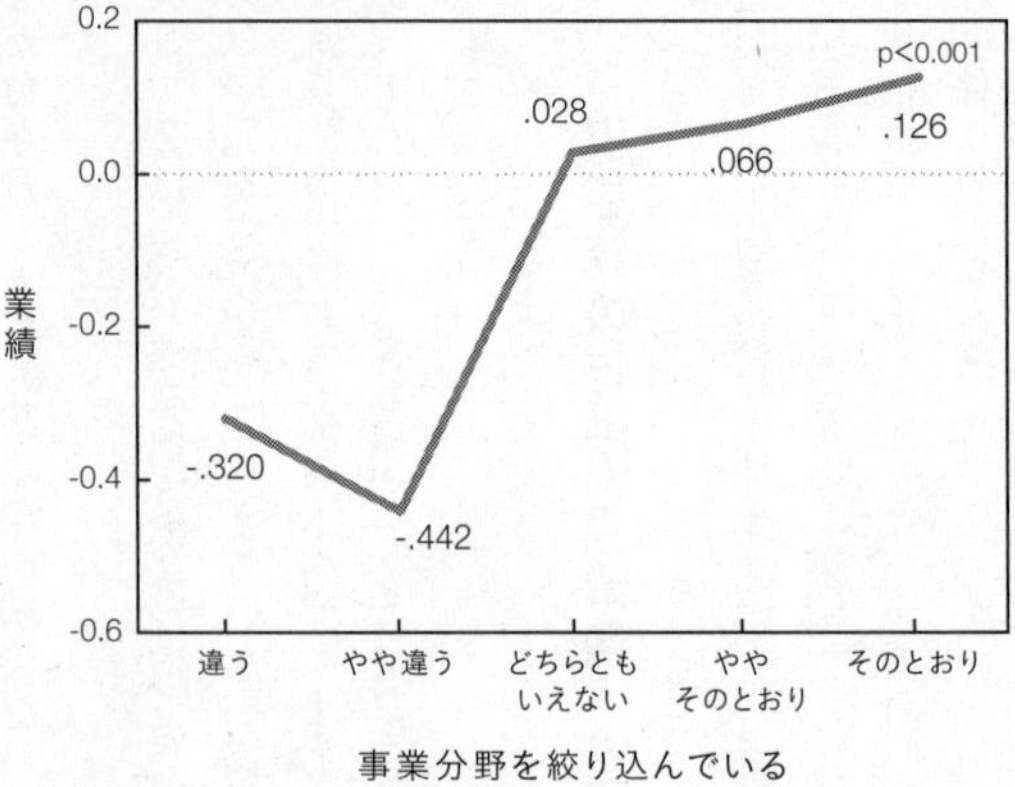

表5-3　事業分野の引き算と業況

	好調	停滞	不振
事業分野を絞り込んでいる	30.9%	35.8%	33.3%
事業分野を絞り込んでいない	12.8%	34.0%	53.2%

注)「事業分野を絞り込んでいる」との質問について「そのとおり」と回答した企業と「違う」と回答した企業とを比較。好調は「好調」と「やや好調」の合計。不振は「不振」と「やや不振」の合計。$p<0.05$

「事業分野を絞り込んでいない」企業の好調割合は12・8%にとどまることが分かる。

「取扱商品の引き算」と「業績」の関係はどうだろうか。

図5－5に示した通り、取扱商品を絞り込んでいる企業と、絞り込んでいない企業には業績に大きな格差があることが明らかだろう。

表5－4を見ると、

図5-5 「取扱商品の引き算」と「業績」との関係

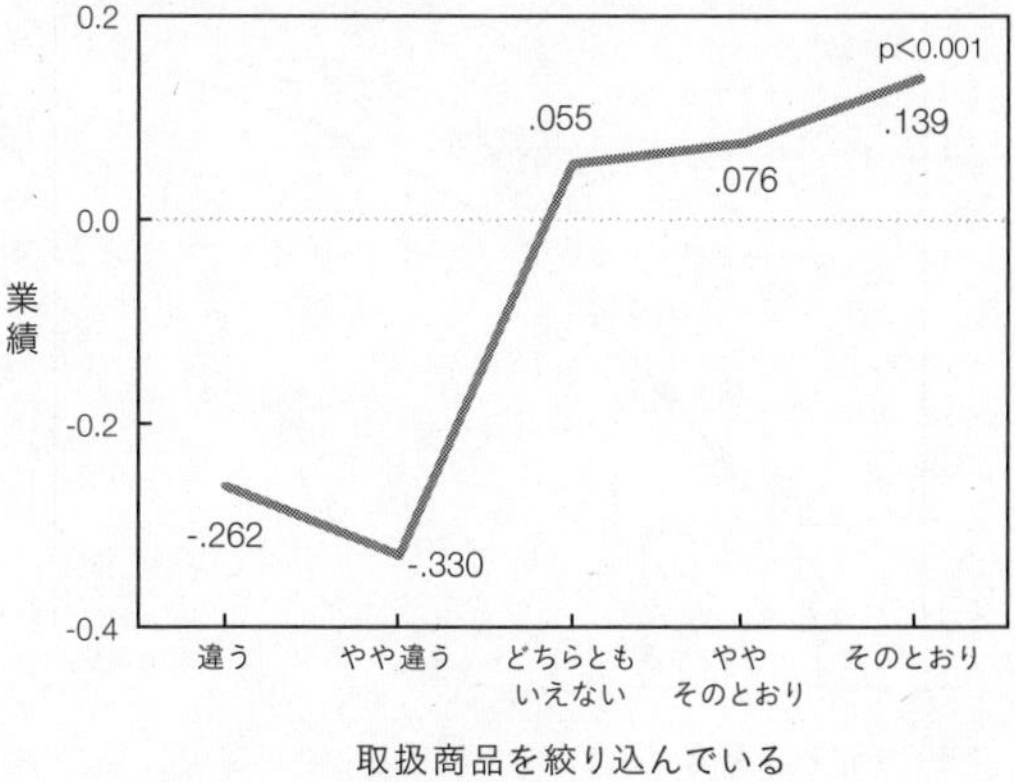

表5-4 取扱商品の引き算と業況

	好調	停滞	不振
取扱商品を絞り込んでいる	33.3%	31.4%	35.3%
取扱商品を絞り込んでいない	15.7%	36.0%	48.3%

注)「取扱商品を絞り込んでいる」との質問について「そのとおり」と回答した企業と「違う」と回答した企業とを比較。好調は「好調」と「やや好調」の合計。不振は「不振」と「やや不振」の合計。p<0.05

「取扱商品を絞り込んでいる」企業の33・3%が「好調」であるが、「取扱商品を絞り込んでいない」企業の好調割合は15・7%にとどまっている。

顧客ターゲットの引き算と「業績」の関係

続いて、顧客ターゲットの絞り込み、すなわち「顧客ターゲットの引き算」が、その企業の「業績」に結び付

図5-6　「顧客ターゲットの引き算」と「業績」との関係

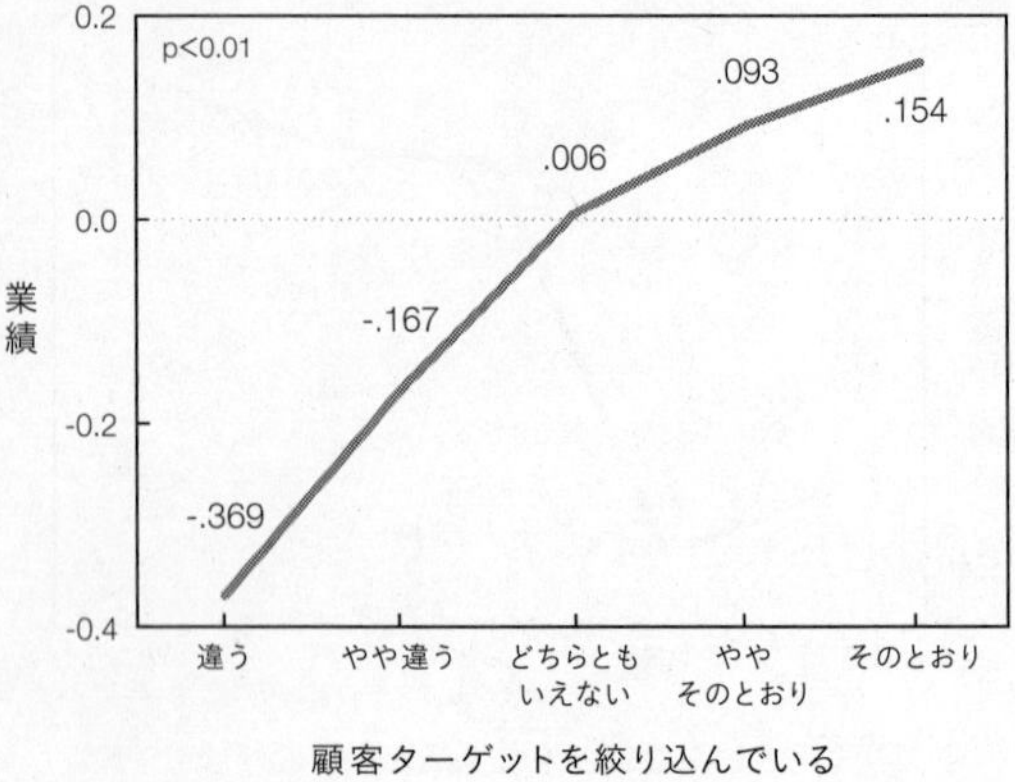

表5-5　顧客ターゲットの引き算と業況

	好調	停滞	不振
顧客ターゲットを絞り込んでいる	28.0%	38.7%	33.3%
顧客ターゲットを絞り込んでいない	14.1%	33.8%	52.1%

注)「顧客ターゲットを絞り込んでいる」との質問について「そのとおり」と回答した企業と「違う」と回答した企業とを比較。好調は「好調」と「やや好調」の合計。不振は「不振」と「やや不振」の合計。p<0.05

いているのかを見てみた。

結果は、図5－6に示した通りである。グラフがきれいな右肩上がりになっていることからも、顧客ターゲットを絞り込むほど、業績が良くなっていることが分かる。

表5－5には、「顧客ターゲットを絞り込んでいる」企業の28・0%が「好調」であるが、「顧客ターゲット

図5-7 「デザインの引き算」と「業績」との関係

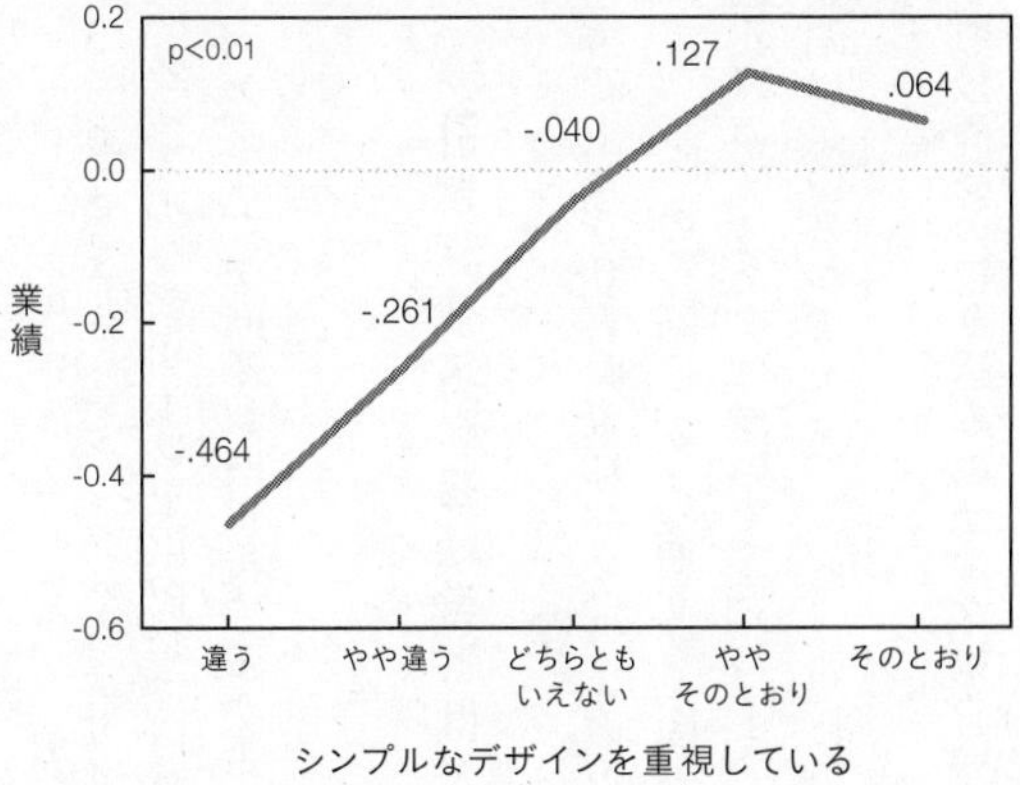

表5-6 デザインの引き算と業況

	好調	停滞	不振
シンプルなデザインを重視している	26.8%	39.3%	33.9%
シンプルなデザインを重視していない	6.3%	37.5%	56.3%

注)「シンプルなデザインを重視している」との質問について「そのとおり」と回答した企業と「違う」と回答した企業とを比較。好調は「好調」と「やや好調」の合計。不振は「不振」と「やや不振」の合計。$p<0.05$

を絞り込んでいない」企業の好調割合は14・1%にとどまることが示されている。

「シンプルなデザイン重視」と「業績」の関係

「デザインにおける引き算」が、その企業の「業績」に結び付いているのかを見てみよう。

図5－7に示した通り、「シンプルなデザインを重視している」

企業ほど、業績が良くなっていることが示唆される。

表5－6を見ると、「シンプルなデザインを重視している」企業の26・8％が「好調」だが、「シンプルなデザインを重視していない」企業の好調割合はわずか6・3％にとどまる。シンプルなデザインを重視するか否かで、好調企業の割合が4倍も異なるということだ。

引き算リスクを経営者はどう考えているのか

経営者1000人調査において、「取扱商品を絞り込んでいる」「顧客ターゲットを絞り込んでいる」の質問に「その通り」と回答した経営者に、「引き算（商品やターゲットの絞り込み）のリスク」について、どのように考えているのかを聞いてみた。

質問は次の2つである。

Q　取扱商品の絞り込みのリスクについてどのようにお考えですか。

Q　顧客ターゲットの絞り込みのリスクについてどのようにお考えですか。

回答を見ると、「引き算のリスク」よりも、「引き算のメリット」や「足し算のリスク」を指摘する声が多いことが分かる。

たとえば、次のような声だ。

「引き算のメリット」に関する意見

「絞り込むほど、売り上げは上がる」
「顧客を絞り込むことで、顧客の好みが分かり、更なる買い上げにつながる」
「専門性が高くなり有利なので、リスクだとは思わない」
「絞り込んで顧客の信頼を得て、顧客の口コミで集客力を増大させている」
「価格的に値崩れしにくいという強みもある」
「リピートが期待できる」
「絞り込むことによりターゲット層を獲得しやすくなる」

「足し算のリスク」に関する意見

「取扱商品を増やすほうが、リスクは大きいと思う」
「むしろ広げるほうが危ない」
「広く集めるほうが、店が荒れていく」

「有象無象の一見客を獲得しても離れていくのも早く、そういった人たちを念頭に行動はできない」

「絞り込まないと、何がメインビジネスなのか分からないという事態に陥る可能性が高く、リスクが高いと思う」

「手を広げすぎないことが大事」

「希少価値を失ったら終わり」

「広げると曖昧になるので絞り込んでいる」

こういった声から、取扱商品や顧客ターゲットを絞り込む企業が、**引き算に積極的な意味を見出している**ことが実感できるはずだ。

以上、本章では、経営者1000人調査にもとづいて、「引き算」の意識や行動が、企業の業績に関連していることを検証した。

結果をまとめよう。

- シンプルな経営を志向している企業ほど、業績が良い。
- 「二兎を追うものは一兎をも得ず」と考えている企業ほど、業績が良い。

●事業領域を絞り込んでいる企業ほど、業績が良い。
●取扱商品を絞り込んでいる企業ほど、業績が良い。
●顧客ターゲットを絞り込んでいる企業ほど、業績が良い。
●シンプルなデザインを重視している企業ほど、業績が良い。

たしかに「引き算」は、好業績に結びついているようだ。では、「引き算」をする企業は、なぜ強くなるのだろうか。次の章では、この点について検討することにしよう。

[注]「経営者1000人調査」で業績の測定に用いた3変数は以下のとおりである。
①業況（5ポイントスケール、好調5、やや好調4、停滞3、やや不振2、不振1）
②経常利益（5ポイントスケール、黒字5、やや黒字4、収支トントン3、やや赤字2、赤字1）
③経常利益の推移（5ポイントスケール、増加傾向5、やや増加傾向4、横ばい3、やや減少傾向2、減少傾向1）
なお、「経営者1000人調査」の概要は、第3章の注釈に示した通りである。

CHAPTER6

引き算をすると、なぜ強くなるのか？

前章で、「引き算企業」は、足し算的な企業と比較して好業績であることを示した。

それでは、なぜ、引き算企業は好業績なのだろうか？
引き算経営は、企業にどのような効果をもたらすのだろうか？

本章では、この点について、具体的に見ていこう。

引き算をすると、買い手の知覚品質が高まる

77ページの質問（どちらの店でラーメンを食べたいですか）で、「A店（ラーメンだけを提供する店）」を選んだ809人（1000人中）に、その理由を自由に記述してもら

った。

回答者がなぜ「B店（ラーメン、うどん、そば、カレーライスを提供する店）」ではなく、ラーメンだけを提供する「A店」を選んだのか。

意見を抜粋してみよう。

「専門店のほうが味にこだわって美味しそう」

「専門の店のほうが味に期待できると思うから」

「こだわりがあって美味しそうだから」

「料理に自信がありそう」

「質が高い気がする」

「こだわりを感じる」

表6－1は、A店を選んだ809人の意見で、どのような単語が多く出現しているかをカウントしたものである。

もっとも多いのは、「おいしそう」であり、次いで「専門」「こだわり」である。この3語の出現頻度が突出して多い。

この結果から、「引き算をすることによって、専門性やこだわりが高まり、おいしそう

表6-1　なぜA店を選びましたか？

順位	キーワード	出現頻度
1	おいしそう	305
2	専門（専門性、専門的、専門店）	282
3	こだわり	145
4	うまい	15
5	特化	15
6	本格的	14

注）出現頻度10以上の単語を表示。消費者1000人調査

に感じる」という連想が働くことが分かる。

このような関係だ。

引き算↓専門↓おいしい

注目すべきは、**「おいしいから、専門」**なのではなく、**「専門だから、おいしい」**という因果関係である。

人は口だけでなく脳でも味わっている（伏木、2005年）。「おいしい」と思えば本当に「おいしい」と感じる。**引き算をすると、専門性が高いと認識され、消費者の知覚品質が高まる**ことを示唆する結果だ。

引き算をすると、買い手の心に刺さりやすくなる

Q 「A店」「B店」の2つの店があるとします。どちらの店にひかれますか。

A店「これしか扱いません。ただ、品質はどこにも負けません」
B店「何でも一通りそろえています。どれも平均レベルに達しています」

消費者1000人調査の結果は以下のとおり。

A店 61・4％ B店 38・6％

6割以上の人が「A店」に魅力を感じると回答している。たったひとつの商品しか扱っていなくても、品質がどこにも負けなければ、何でも一通りそろえている店に勝つことができるということだ。シンプルはパワフルだ。

図6−1の2つの矢を見てほしい。右がA店のイメージ、左がB店のイメージになる。閉じた傘のような「引き算の矢」（A店）と、広げた傘のような形の「足し算の矢」（B

図6-1　「引き算の矢」と「足し算の矢」

どちらが心に刺さりやすいだろうか

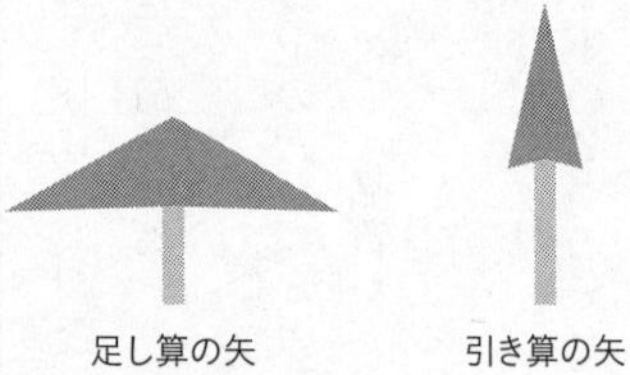

店）。どちらの矢が顧客の心に刺さりやすいだろうか？

「**引き算の矢**」は、専門性を磨き、本質とは無関係な要素をそぎ落とし、コミュニケーションをとがらせる。量を追わず、深さを追求する。磨けば磨くほど、鋭さが増し、ターゲットとする人々の心に「刺さる」ようになる。

一方、「**足し算の矢**」は、多様な要素を付加し、すそ野の広さで勝負する。幅広の矢なので、的には当たりやすいかもしれないが、鋭さがないため、人の心には刺さりにくい。

引き算をすると、イメージされやすい

地域も企業も商品も、名前を聞いたときに、消費者の頭にイメージが浮かばなければ、選ばれることはない。

たとえば、「京都」が観光客に選ばれるのは、伝統や歴史や寺といった「京都」の風景が頭に浮かぶからだ。名前を聞いても、イメージが浮かばない地域に行きたいとは思わないだろう。

ここで質問。

Q 頭にイメージが浮かびやすいのは、どれですか？ 行ってみたいのは、どれですか？

A 一般食堂　B 和食店　C 寿司店

図6-2 引き算をすると、とんがるため、顧客にイメージされやすくなる

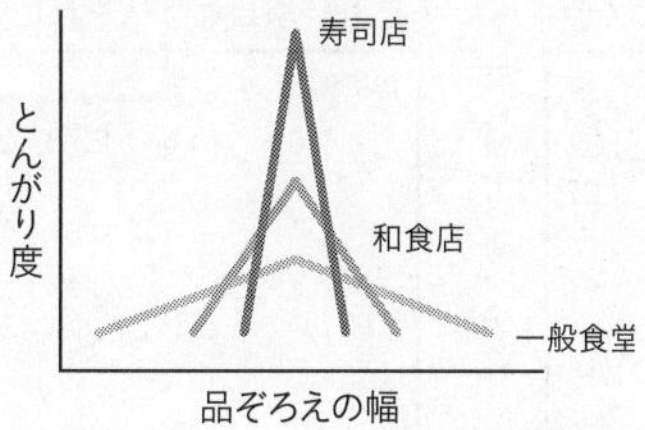

イメージが浮かびやすい
A 22・9% B 23・6% C 53・5%
行ってみたい
A 17・2% B 28・6% C 54・2%

消費者1000人調査では、圧倒的に多くの回答者が、Cの「寿司店」がもっともイメージしやすいと回答している。そして、Cに行きたいと答えている。

そう、品ぞろえを引き算すると、とんがりが生まれ、頭にイメージが浮かびやすくなるということだ。**イメージが浮かべば、人に選ばれやすくなる。**

図6-3　引き算と価格競争の関係

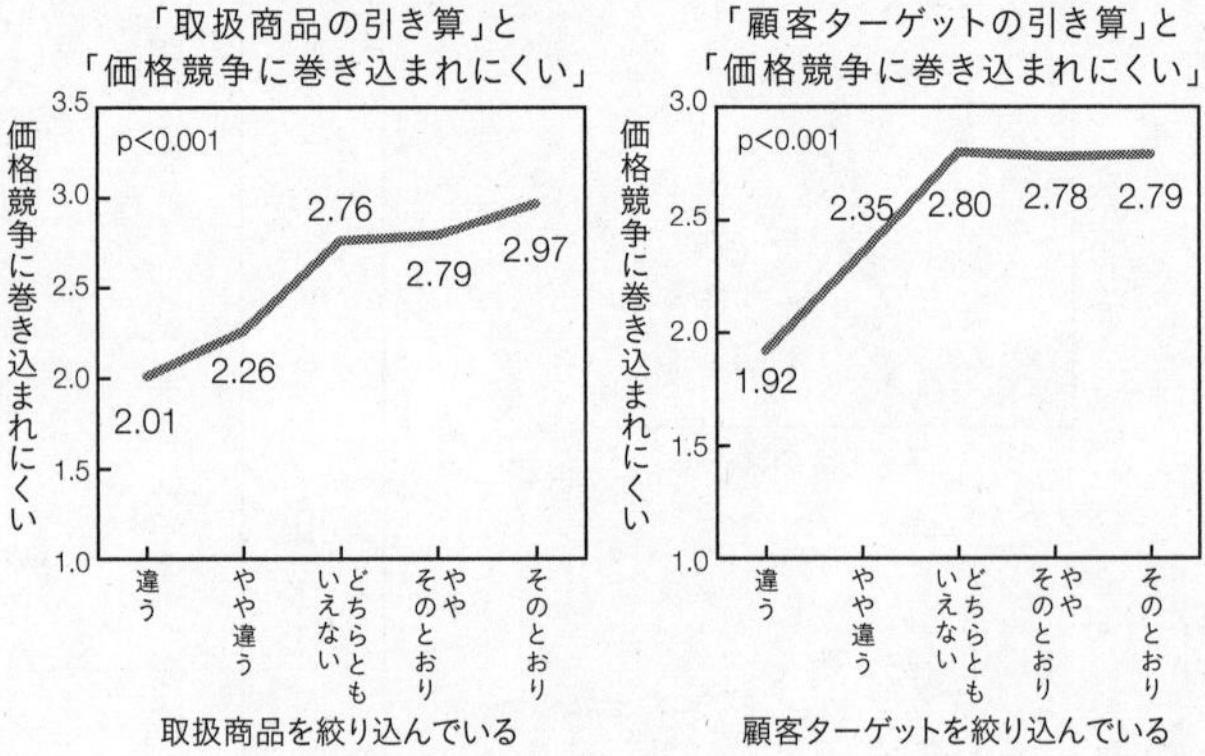

注）全国経営者1000人調査。「価格競争に巻き込まれにくい」は5ポイントスケールで測定

「たくさんあります」「いろいろあります」「何でもあります」で、具体的なイメージが浮かんでくるだろうか。ターゲット顧客の頭の中にイメージが浮かばなければ、人を引きつけることは難しい。

引き算をすると、
価格競争に巻き込まれにくい

「引き算の戦略」は、専門性の勝負、深さの勝負になる。企業間の棲み分けが進むため、価格競争は生じにくい。一方、「足し算の戦略」は、広さの勝負であり、企業間に重なりが生じるため、熾烈な価格競争に陥りやすい。

これは、次の統計データを見ても明らかだ。

図6-4 引き算と口コミの関係

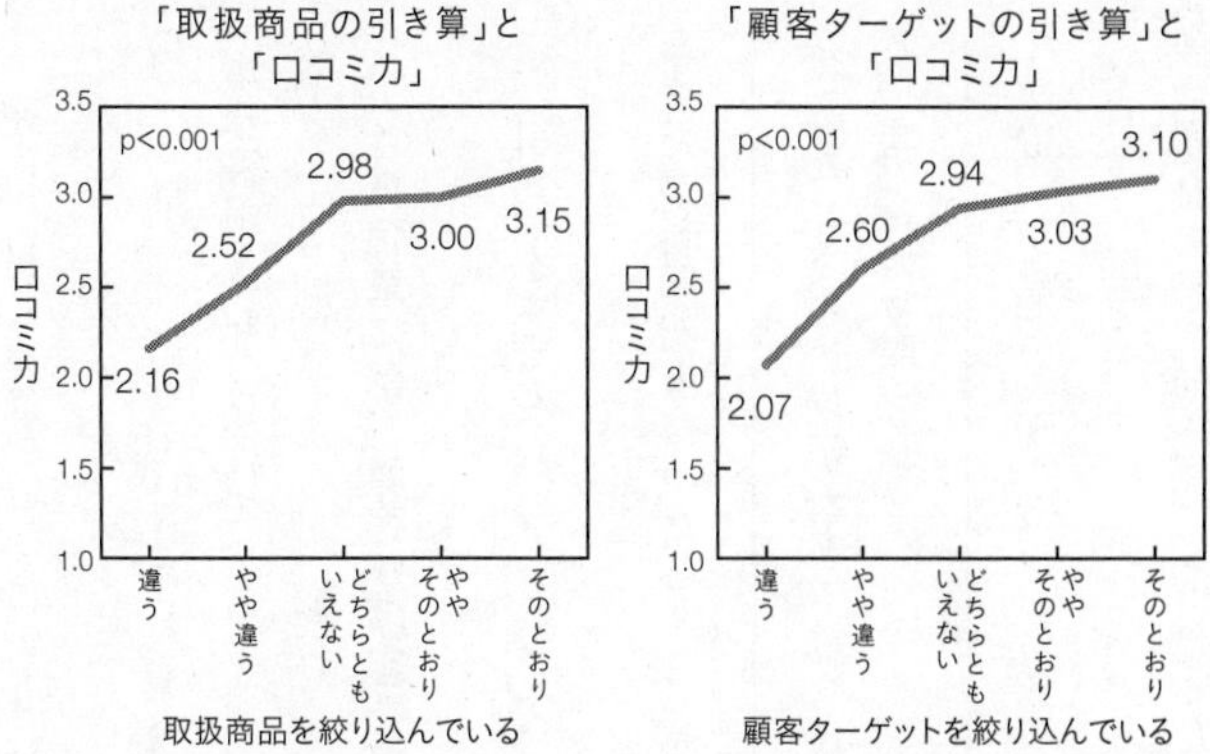

注）全国経営者1000人調査。口コミ力は、「口コミ客が多い」という質問に対する回答（5ポイントスケール）で測定

図6－3を見てほしい。「取扱商品を絞り込んでいる」企業ほど、価格競争に巻き込まれにくいことが分かる。顧客ターゲットにおいても同様である。「顧客ターゲットを絞り込んでいる」企業ほど、価格競争に巻き込まれにくい傾向が見てとれる。

引き算をすると、口コミに乗りやすくなる

商品や顧客ターゲットを絞り込んだ「引き算企業」のほうが、総合的な品ぞろえの「足し算企業」に比べ、口コミに乗りやすい。

引き算をすると、イメージが明確になるため、記憶に残りやすく、言葉にしやすくなる。すなわち、人が誰かに「伝えやすく

なる」。逆に、足し算は口コミに乗りにくい。「いろいろ」では、具体的なイメージをしにくく、言葉にしにくいからだ。

このことは、経営者1000人調査のデータからも見てとれる。図6－4を見てほしい。「取扱商品を絞り込んでいる」企業ほど、口コミ客が多いことが分かる。顧客ターゲットにおいても同様である。「顧客ターゲットを絞り込んでいる」企業ほど、口コミ客が多い。**引き算企業には、顧客が顧客を連れてきてくれる。**

引き算をすると、パブリシティに乗りやすくなる

Q あなたが新聞記者だったとすると、どちらに取材に行きたいですか

A「たくさんの展示がある総合博物館」
B「恐竜博物館」

A 30・3%　B 69・7%

大多数がBの恐竜博物館を取材したいと回答している。「たくさん」あることよりも、

図6-5 引き算とパブリシティの関係

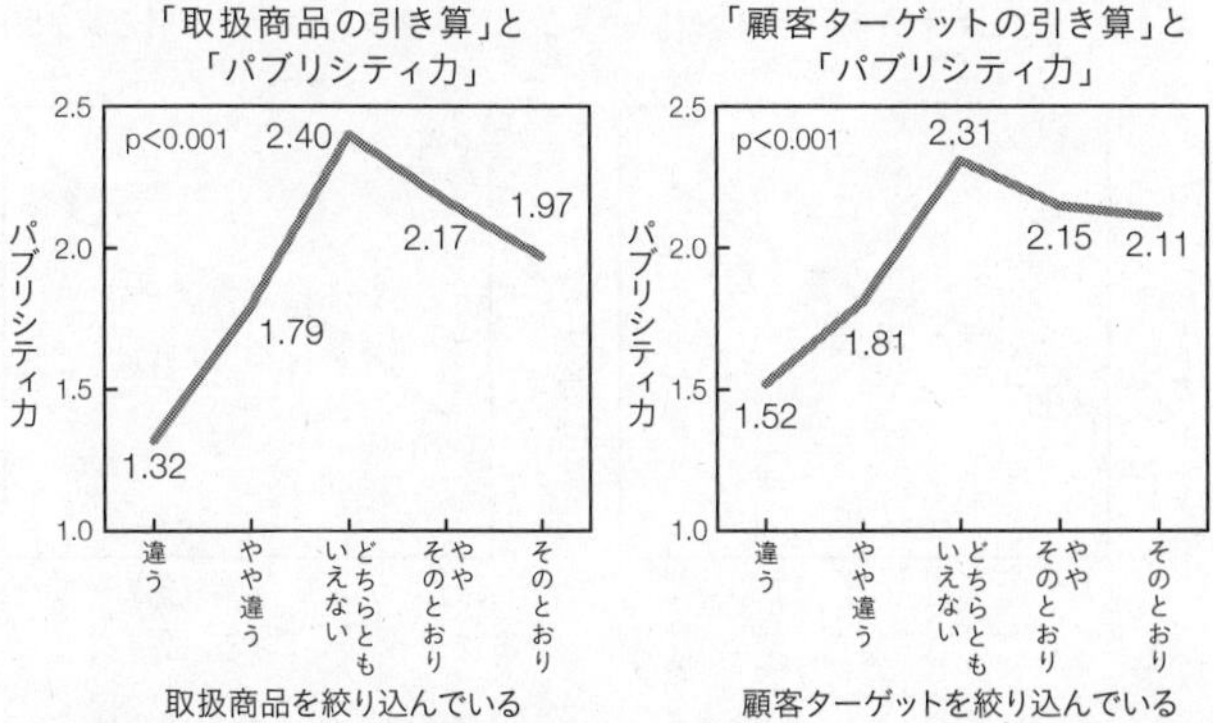

注）全国経営者1000人調査。パブリシティ力は、「新聞、雑誌などメディアに取り上げられることがある」という質問に対する回答（5ポイントスケール）で測定

具体的な「何か」に絞られているほうがメディアから取材をされやすいということだろう。実際、地域経済の現場にいても、「足し算企業」よりも「引き算企業」のほうがメディアの取材を受けやすいことを実感する。

広告と違って、テレビ、新聞、雑誌などの取材は無料である。こういったメディアに取り上げられたパブリシティ情報の信頼性は高い。引き算企業は、情報発信において有利だと言えよう。

「引き算」とメディアからの取材の関連について、経営者データも見てみよう（図6－5）。メディアの取材はそうは頻繁にないので、きれいな右肩上がりの折れ線にはなっていないが、商品や顧客ターゲットの

図6-6　引き算とリピート顧客の関係

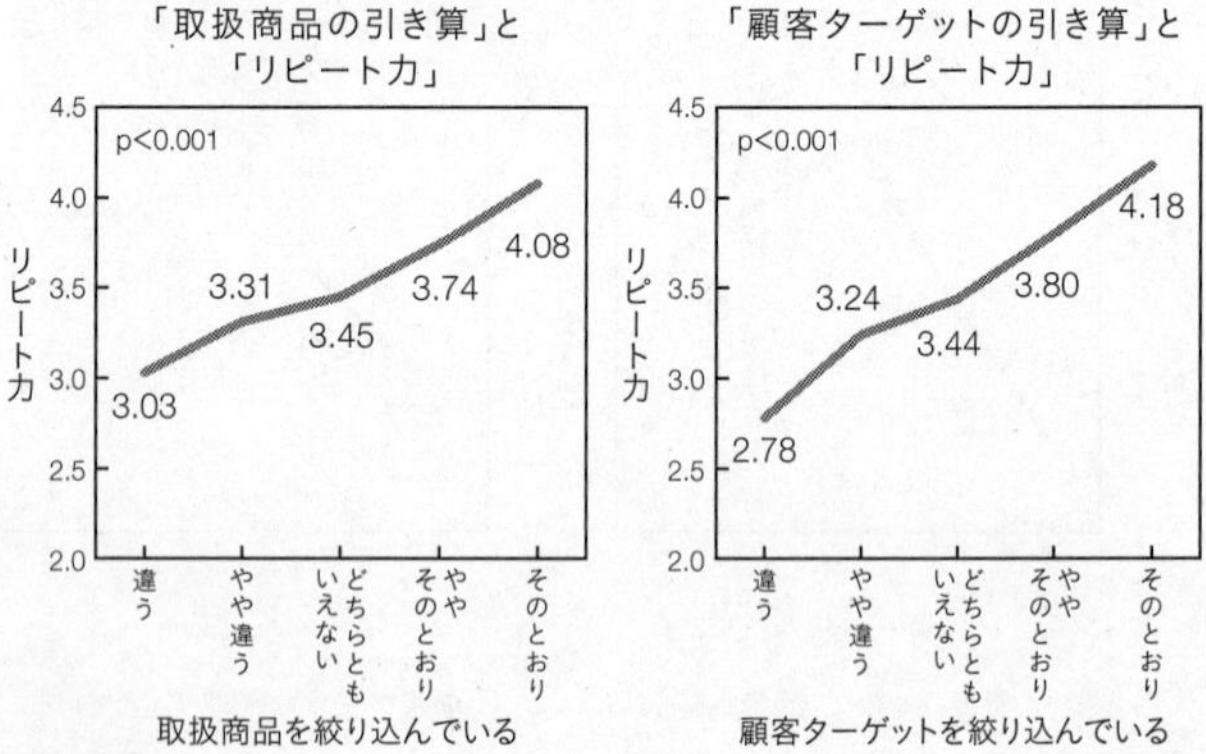

注）全国経営者1000人調査。リピート力は、「リピート客が多い」という質問に対する回答（5ポイントスケール）で測定

絞り込みの有無でパブリシティ力に差があることは統計的にも確認できる。

引き算をすると、リピート客が増える

引き算企業は、リピーターが多くなることは経営者1000人調査のデータからも示唆される。図6－6を見てほしい。「取扱商品を絞り込んでいる」企業ほど、リピーターが多いことが分かる。顧客ターゲットにおいても同様である。「顧客ターゲットを絞り込んでいる」企業ほど、リピーターが多い。

リピート客が増えれば、顧客獲得費が少なくてすむし、オペレーションコストも低下していくので、「引き算企業」はさらに

図6-7 引き算とブランド力の関係

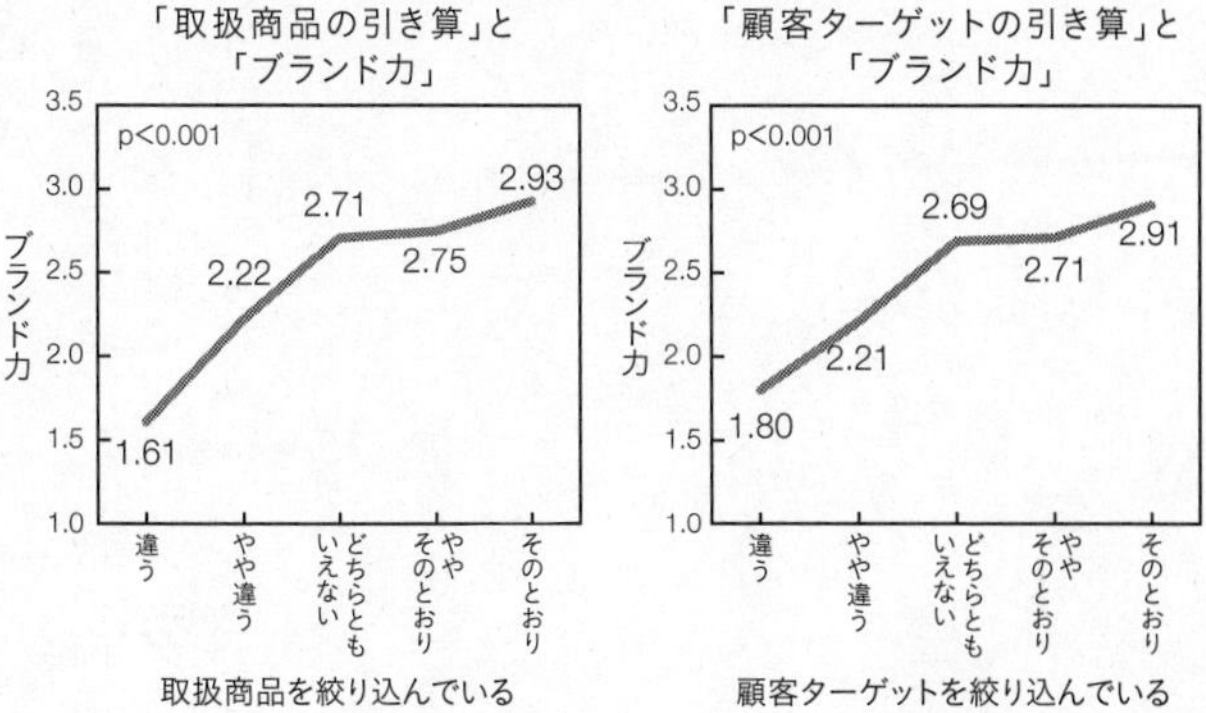

注）全国経営者1000人調査。
ブランド力は、「自社のブランド力は強い」という質問に対する回答（5ポイントスケール）で測定

強くなる。

引き算をすると、ブランド力が強くなる

ブランドとは、**買い手の心にある、品質を超えた、ポジティブなイメージ**である。品質が同じであれば、強いブランドが選ばれる。ブランドがマーケティングにおける最強の武器といわれる所以だ。

前著『小さな会社を強くするブランドづくりの教科書』でも述べたとおり、ブランドづくりのポイントのひとつが「引き算」である。引き算をすることによって、明快なイメージが買い手の頭に構築されやすくなる。

引き算とブランド力の関係は、データか

らも明確だ。

図6―7を見てほしい。「取扱商品を絞り込んでいる」企業ほど、ブランド力が強いことが分かる。同様に、「顧客ターゲットを絞り込んでいる」企業ほど、ブランド力は強いという関係が見られる。

CHAPTER7

「良い引き算」と「悪い引き算」

ここまで「引き算」の発想が、人を引きつけるためにいかに重要であるかを述べてきた。気をつけなければいけないのは、**引き算には「良い引き算」と「悪い引き算」がある**ということである。単に、引けばうまくいくということはありえない。

本書で提案するのは、もちろん「良い引き算」だ。引き算の戦略に成功するためには、「良い引き算」と「悪い引き算」をしっかりと区別しなければいけない。

では、「良い引き算」と「悪い引き算」の違いは何か。以下で確認することにしよう。

「良い引き算」は価値を生み出し、「悪い引き算」は価値を生まない

「良い引き算」と「悪い引き算」の違いは、どうやって見分けたらよいのか？

もっともシンプルかつ重要な判断基準は、**引き算することで、顧客にとって新しい価値が生まれるか、否か**である。

引き算によって、新たな価値や他にない価値を生み出すのが「良い引き算」だ。価値が増加するため、新たな顧客の創造にもつながる。

一方、「悪い引き算」は、顧客にとって新たな価値を生み出さない。それどころか、価値を減少させてしまうこともある。だから、いくら引いても顧客の創造には結びつくことはない。

たとえば、単なる省略や無駄を省くための引き算は「良い引き算」とは言えない。なぜなら、新しい顧客価値を生み出さないからである。「液晶」に特化するといった、技術だけの引き算も同様だろう。顧客が求めているのは「液晶」という技術ではなく、「きれいな画像」という価値だからである。

良い引き算↓引き算すると、新しい価値が生まれる
悪い引き算↓引き算しても、新しい価値が生まれない

「良い引き算」は考え抜き、「悪い引き算」は手を抜く

「楽をしたい」「努力をせずにすませたい」「怠けたい」「面倒くさい」、だから止めてしまおう。

これは典型的な「悪い引き算」だ。「引き算」は、楽をすることでも、簡略化でもないし、手抜きをすることでもない。

「あらゆるものは、可能な限りシンプルであるべきだ。ただし、手抜きをしてはならない」（アルバート・アインシュタイン）

「良い引き算」は「手を抜く」ことではなく、「考え抜く」ことである。本気で考えなければ「引き算」はできない。顧客は、本気で考え抜いた「引き算」と、手を抜くための「引き算」の違いを簡単に見抜いてしまう。「引き算の戦略」に成功するためには、どのように引き算をすれば、消費者を「引きつける力」が高まるのかを、真剣に考え抜くことが必要である。

良い引き算→引き算するために、考え抜く
悪い引き算→引き算することで、手を抜く

「良い引き算」は凝縮、「悪い引き算」は希釈

「良い引き算」は、何かを「引き算」することによって、大切な何かに「集中」する。だから、引くことによって、本質が引き出され、中身が凝縮される。経営が「深くなる」ということだ。表面的にはシンプルに見えたとしても、中身は深いので、時間がたっても顧客に飽きられることはない。

一方、「悪い引き算」は、単に量を減らすことや、単純化や簡略化であるため、引くことによって中身が薄くなる。経営が「浅くなる」ということだ。浅いので、時間がたつと顧客に飽きられやすい。

良い引き算→本質が凝縮されて、深くなる
悪い引き算→本質が希釈されて、浅くなる

「良い引き算」は知恵を絞り、「悪い引き算」はコストを絞る

引き算の戦略で、簡単に「引いてはいけないもの」があるとすれば、それは「価格」だ。引き算の戦略には、低い価格で顧客を引きつけようという発想はない。

「良い引き算」は、「いかに安く売らずにすむか」を考える。価格以外の魅力で顧客を引きつけるので、顧客との絆は太く、顧客との付き合いは長くなる。自ら知恵を絞り、他人の考えに頼らず、他社の成功事例の真似をしないため、個性が際立つ。

一方、「悪い引き算」は、知恵を絞らず、コストを絞り、価格の安さで顧客を引きつけようとする。**価格で引きつけた顧客は、価格で逃げていく。**だから、顧客との絆をつくることが難しい。

リストラによる従業員の削減や無理なコスト削減も、典型的な「悪い引き算」だろう。リストラなどによって、短期的な利益は生まれたとしても、新しい価値を生み出さないため、顧客の創造には結びつくことはない。

表7-1 「良い引き算」と「悪い引き算」の比較

良い引き算	悪い引き算
価値の創造	価値の減少
考え抜く	手を抜く
凝縮・深くなる	希釈・浅くなる
知恵を絞る・非価格競争	コストを絞る・価格競争
前向き・攻め	後ろ向き・守り

良い引き算↓価格以外の魅力で顧客を引きつけようと、知恵を絞る
悪い引き算↓価格の安さで顧客を引きつけようと、コストを絞る

「良い引き算」は前向き、「悪い引き算」は後ろ向き

「引き算の戦略」は、「守る」ことではない。「攻める」ことである。「良い引き算」は、新しい価値を創造するために、前向き・積極的に引き算をする。

一方、「悪い引き算」は、何かしらの制約や意欲の欠如などから、やむなく引かざるを得ない、後向き・消極的な引き算である。

次のような理由による引き算は、「良い引き算」とはいえないだろう。

「時間の制約があるから、取り扱いたくてもできない」

「それしかできないから仕方ない」

「販売機会を逸するが、不良在庫になるよりはいいと考えている」


「良い引き算」と「悪い引き算」の違いをまとめたのが、表7－1である。

引き算をするときには、表7－1の左側に示した「良い引き算」の条件にしっかり当てはまっているかを確認することが不可欠だ。

以下のような質問を自らに問いかけてみよう。

- 引き算によって、新しい価値は生まれるか？
- 考え抜いて、引き算をしたか？
- 引き算によって、凝縮され、深くなるか？
- 知恵を絞って、引き算をしたか？
- 前向き、積極的に引き算をしているか？

回答がすべて「イエス」なら、それは間違いなく「良い引き算」である。その引き算は、人を引きつける力を持つはずだ。

CHAPTER8

引き算の条件

シンプルに至る道は、シンプルではない

ここまで「引き算」の重要性やその効果について見てきた。ここで、勘違いしてはいけないのは、**単純に、引き算をすればうまくいくということではない**。「引き算」に成功するには、前提条件がある。引き算の戦略は、結果はシンプルに見えるかもしれないが、そこに至るまでの道は決してシンプルではない。

では、「引き算の戦略」に成功するためには、どのような前提条件が必要なのか?

ここでは、経営者1000人調査の分析結果を紹介する。この調査の分析結果からは、少なくても3つの前提条件があることが示唆された。

どのような条件なのか、以下で具体的に見てみよう。

前提条件　ぶれない「軸」がある

引き算に成功するための**第一の前提条件は、ぶれない「軸」があると**いうことである。すなわち、引き算に成功する企業には、明快な経営コンセプトが欠かせない。軸が明確でなければ、「何を引いたらよいのか」「何を残すべきなのか」「何を磨くべきなのか」が分からない。誤って大切なものを引いてしまう場合もある。

軸（明快な経営コンセプト）があれば、何を引くべきか、何を引いてはいけないのかが明確になる。そもそも、しっかりした軸がない企業が引き算をしたら、やせ細るだけで、何も残らないだろう。―（軸）のある―（引き算）が、企業に＋（プラス）をもたらすということだ。

しなやかで強い軸があれば、もし強い風が吹いてゆれたとしても、元に戻ることができる。軸がぶれると、方向性を失う。**しなやかに「ゆれる」のはよいが、「ぶれる」のはいけない。**

○「ゆれる」＝軸はズレない。方向性は失わない。

×「ぶれる」＝軸がズレる。方向性を失う。

引き算の前提として、「明快な経営コンセプト」が大切なことは、図8－1に示したツリー分析の結果からも示唆される。

「経営コンセプトが明快な企業」がターゲットの引き算をしたケースでは、35・1％が好業績であるのに対して、経営コンセプトが明快でなければ、ターゲットの引き算をしようがしまいが、好調企業の割合が3分の1以下の11・8％に落ち込む。

前提条件　しっかりした「土台」がある

引き算に成功するための**第二の前提条件は、しっかりした「土台」がある**ということである。植物でいえば「根」に相当する部分だ。

「土台」となるのは、**独自の技術、深い専門性、幅広い知識、経験**などである。土台があるから、絞ると強くなる。土台となる技術や専門性の蓄積がなければ、絞っても何も生まれない。というより、土台が空っぽなら、そもそも絞りようがないだろう。

図8-1　経営コンセプトを明確にして、ターゲットを絞ることが大切

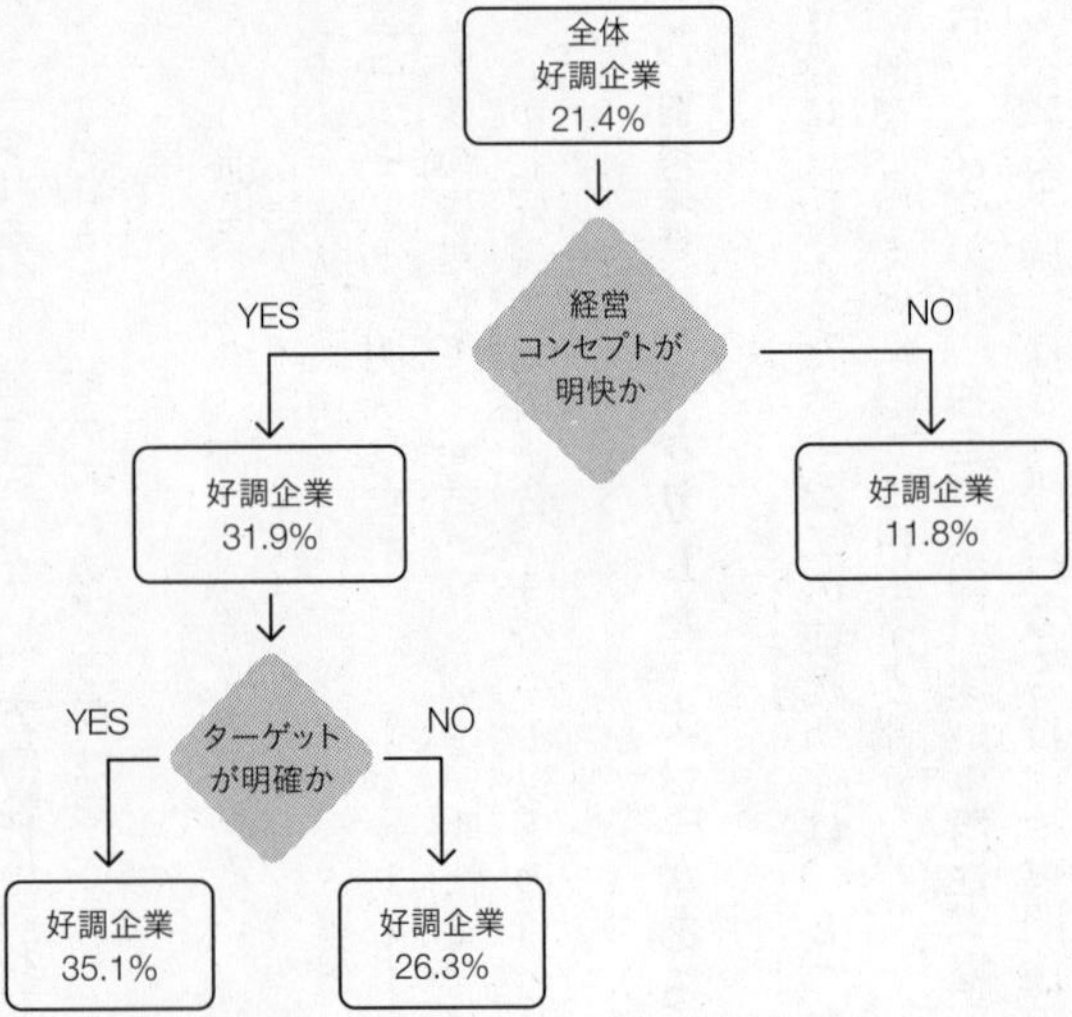

注1）経営者1000人調査、2014年1月。図中の数字は「好調企業」の割合。
注2）いずれの項目も5ポイント尺度で測定し、5、4のグループ（YES）と3以下のグループ（NO）に分割。
注3）分析手法はCHAID分析（CHi-squared Automatic Interaction Detector）。分割ノードの有意水準は、$p<0.05$。

図8-2　技術力・スキルが商品の引き算の前提

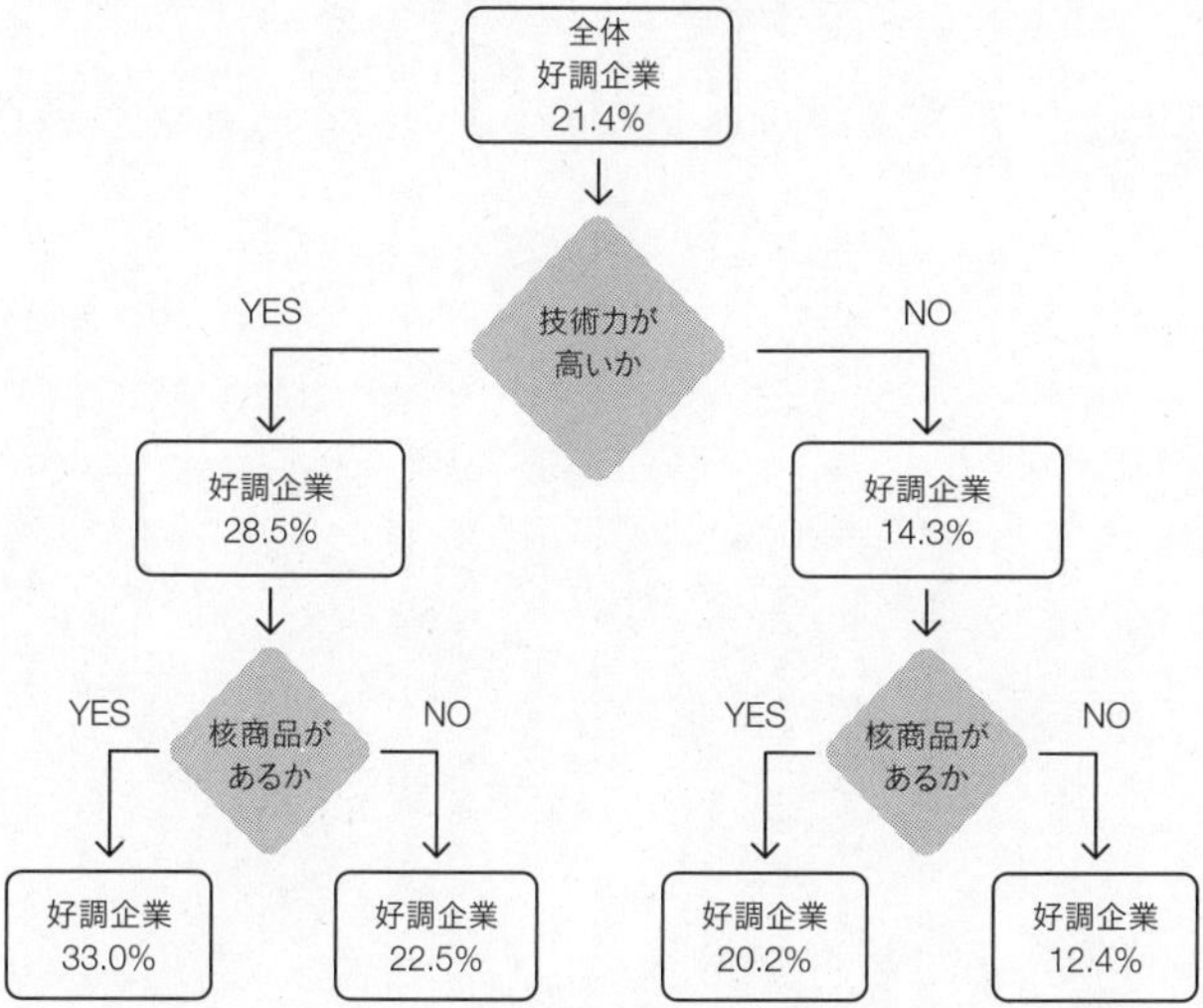

注）図8-1と同じ

このことは、図8−2に示したツリー分析の結果からも示唆される。

「技術力・スキルがある」企業が核商品を有しているケースでは、33・0%が好業績であるのに対して、技術力・スキルがなく、核商品がなければ、好調企業は12・4%しかない。

前提条件　知恵を絞っている

引き算に成功するための**第三の前提条件は、知恵を絞っている**ということである。前章でも述べたが、知恵を絞らずに単に

図8-3　知恵を絞ることが、シンプル経営の前提

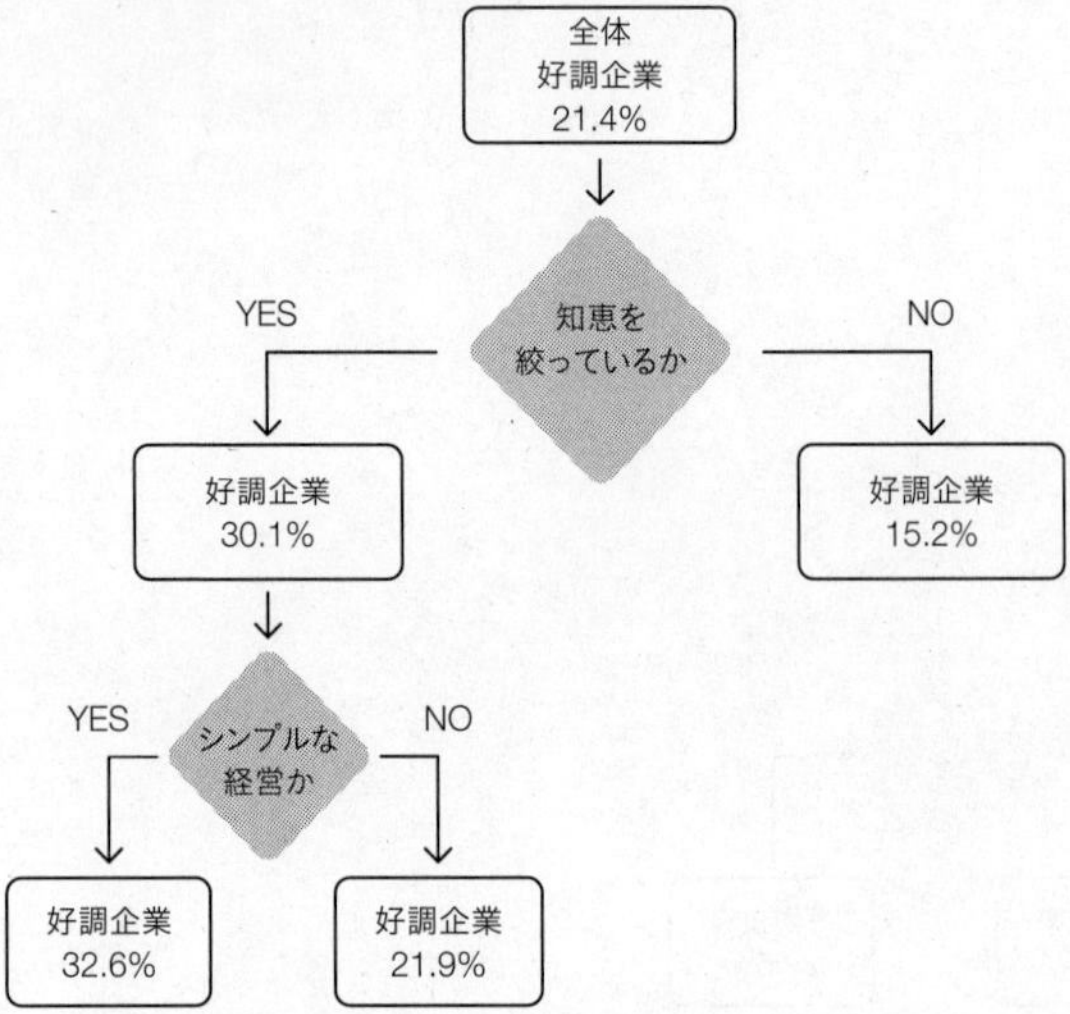

注）図8-1と同じ

引き算をしても、うまくいかない。引き算に成功する企業は、知恵を絞り、考え抜いたうえで、引き算をしている。

図8－3と図8－4に示したツリー分析の結果からも、「知恵を絞る」ことが、引き算に成功する前提になっていることが示唆される。

知恵を絞っている企業がシンプルな経営を志向するケースでは、32・6％が好業績であるのに対して、知恵を絞らなければ、引き算をしようがしまいが、好調企業の割合は15・2％にとどまる（図8－3）。

図8-4 知恵を絞ることが、ターゲットの引き算の前提

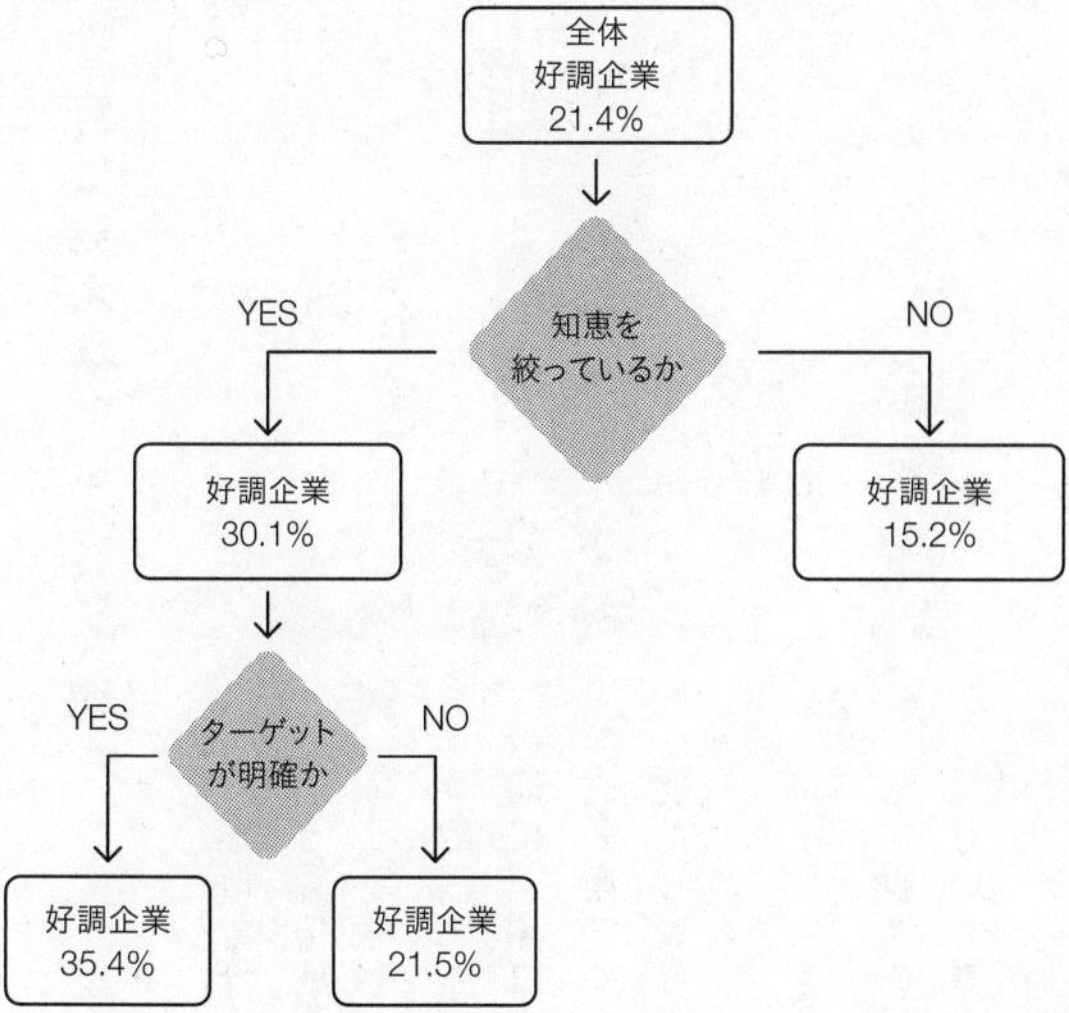

注）図8-1と同じ

ターゲットの引き算についても同様である。「知恵を絞っている企業」がターゲットを引き算するケースでは、35・4%が好業績であるのに対して、知恵を絞らなければ、好調企業の割合は15・2%にとどまることが分かる（図8－4）。

図8-5　引き算に成功する企業には、「土台」と「軸」と「知恵」がある

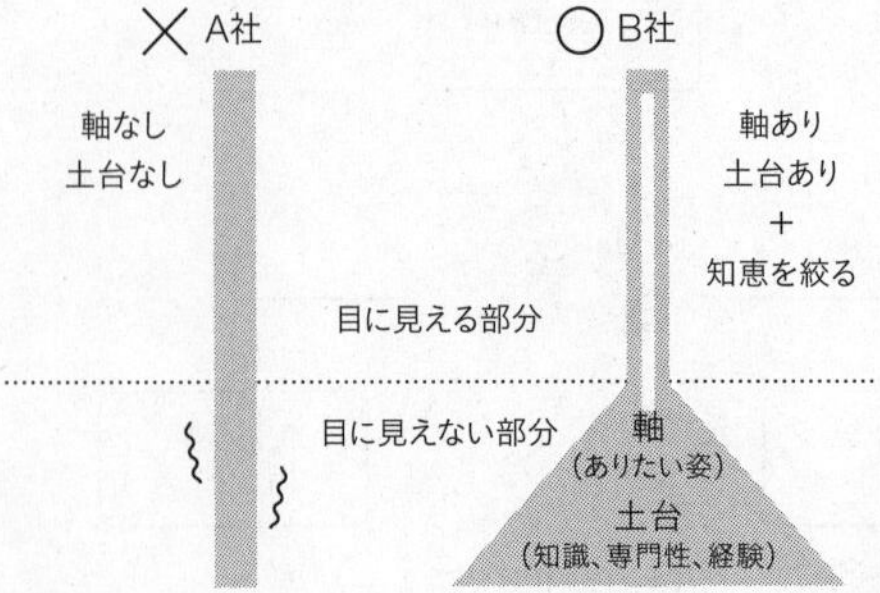

目に見えないものの大切さ

本章では、経営者1000人調査を利用して、引き算で成果をあげるためには、何が前提条件になるのかを検討した。

分析の結果、分かったことは、**「引き算」する前に、ぶれない軸をつくること、しっかりとした土台をつくること、そして、知恵を絞ることが必要**だということだ。

引き算の前提となる「軸」も「土台」も「知恵」も、顧客の目に直接は見えない。図8－5を見てほしい。外からの見た目は、図のA社もB社も変わりがないかもしれない。

だが、「軸」がなければ、早晩折れてしまう。「土台」がなければ、いつの日か倒れてしまう。

「知恵」を絞らなければ、引力は生まれない。引き算に成功するのは、A社ではなく、土台と軸があり、知恵を絞るB社だ。

引き算の戦略では、土台や軸や知恵といった**「目に見えないもの」**が、**成否を決める重要な前提条件**なのである。

CHAPTER9

引き算する勇気

引き算には、勇気がいる。
全国1000人の中小企業経営者に聞いてみた。

Q 経営者として、どちらが大変ですか?

A 何かを始める決断　B 何かをやめる決断

結果は次の通りだ。

A 29・3%　B 70・7%

圧倒的に多くの経営者が、**「何かを始める決断」**より、**「何かをやめる決断」**のほうが大

変であると答えている。「足し算の経営」より、「引き算の経営」のほうが難しいということだろう。

「何かを捨てないと前に進めない」（スティーブ・ジョブズ）が、**何かを捨てるには、勇気が必要**なのである。

今の時代、放っておくと足し算が進んでいく。引き算に成功するためには、何が必要で何が不要かを見極める「判断力」、ノーと言う「決断力」、決断したことをやり遂げる「実行力」が欠かせない条件になる。

引き算の恐怖

経営者の方々と話をしていて強く感じるのは、「引き算に対する恐怖」である。

経営者1000人調査に寄せられた声から、経営者が引き算に対してどのような恐怖や不安を持っているのかを見てみよう。引き算の恐怖は、大きく3つに分けることができる。

第一の恐怖は、「幅広いニーズに対応できなくなる」という声である。

「広く提案できない分、幅広いニーズを持った顧客の獲得が難しくなる」
「お客様の幅広いニーズに応えることができない」
「好き嫌いがはっきりと分かれてしまう」

消費者ニーズの多様化が進む今日、そもそも「幅広いニーズに対応しよう」という発想自体が危険かもしれない。幅広いニーズに対応しようとすると、結局、誰のニーズにも対応できなくなる可能性がある。顧客ターゲットについても引き算が必要だ。この点は、第12章の「ターゲットの引き算」で改めて検討したい。

第二の恐怖は、「飽きられないか」という声である。

「お客に飽きられないか」
「顧客に飽きられる可能性がある」
「万人に受けないので、飽きられたら弱い」

経営者の意見を見ると、「引き算＝飽きられやすい」という連想が多い。飽きに対応するのは、「足し算」だろうか？

そうではない。

飽きに対応するために必要なのは、強みを「磨き続けること」であり、「進化」である。

考え抜いた末にたどりついた引き算、すなわち「良い引き算」は、シンプルであり、飽きがこない。「良い引き算」は、飽きられるどころか、普遍性が高く、流行に流されないため、長続きする。

たとえば、料理でもシンプルで本物の味は飽きがこない。**水を365日飲み続けても飽きがこないのは、何も足し算していないからだ。**デザインでも、本質を引き出すシンプルなデザインは飽きられることはない。

「ファッションとは、上級者になるほど引き算である」（ココ・シャネル）

経営もこれと同様だろう。

もし、飽きられるとすると、それは中身のない単純化、すなわち「悪い引き算」だ。

第三の恐怖は、「絞り込みに失敗すると売り上げがなくなる」という声である。

「絞り込みを失敗するとゼロ」

「外れた場合にかなり売り上げが落ちてしまう」
「顧客のニーズの読み方を間違えると恐ろしいことがおきる」

引き算は、そもそも〝一か八か〟で行うものでもないし、ギャンブル的なものでもない。明確な**顧客価値を裏付けに、優先順位を決め、「何か」に集中するのが引き算**である。顧客が求める本質的な価値は、そう簡単に変化するものではない。

逆に、「広げておけば、売り上げが確保できる」「足し算しておけば安心」という発想のほうが危険かもしれない。

「引き算のリスク」と「引き算のメリット」

もちろん、引き算にはリスクが伴う。そもそも、リスクなしに成功するビジネスがあるだろうか。リスクをとらずに、消費者の心をつかむことは困難だ。

考えてみよう。以下のどちらが大きいだろうか？

「引き算のリスク」と「何もしないリスク」
「引き算のリスク」と「足し算のリスク」

「引き算のリスク」と「引き算のメリット」

ここまでの議論を集約すれば、下記のとおりだろう。

引き算のリスク＜何もしないリスク
引き算のリスク＜足し算のリスク
引き算のリスク＜引き算のメリット

「引き算するリスク」よりも、「何もしないリスク」や「足し算のリスク」のほうが大きな痛みを伴う。「引くリスク」よりも、「足すリスク」のほうが大きい。このことは、第3章「足し算企業は、なぜ沈むのか？」で指摘したとおりである。

「多くのことを成し遂げるための一番の近道は、一度に一つのことを行うことである」
（サミュエル・スマイルズ）

「引き算の戦略」には、デメリットを上回る大きなメリットがあるはずだ。「引き算」する勇気を持とう。

CHAPTER10

99・7%のための引き算戦略

小さな企業ほど、引き算で伸びる

グーグルのトップページ型かヤフーのトップページ型か

インターネットの2大検索サイト。グーグルのトップページとヤフーのトップページは極めて対照的である。

グーグルのトップページは、「引き算の発想」でつくられている。トップページの機能は、検索に特化している。デザインはロゴと検索窓だけで、極めてシンプルだ。専門性で人々を引きつけようという「専門店」のような戦略である。

トップページの文字数をカウントしたところ、文字数は114文字にすぎない（図10－1）。「1ツイート」（上限140文字）でも、おつりがくるということだ。

あらためて眺めてみると、トップページの空白の大きさに驚く。ページの大部分が真っ

図10-1 トップページに出現する文字数

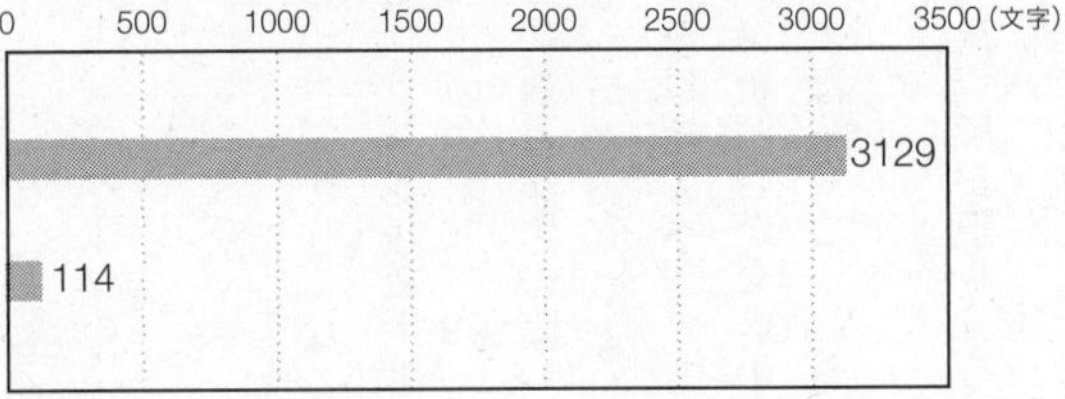

注）2015年4月11日カウント

［A］
グーグルのトップページ

［B］
ヤフーのトップページ

白なことが、「無駄」になっているだろうか？　そうではない。逆に、空白が力強さにつながっている。白いスペースが、大きな「可能性」を想像させてくれる。

一方、**ヤフーのトップページは「足し算の発想」**だ。トップページの機能は検索だけでなく、ニュース、天気予報、メール、ショッピング、広告など多様である。総合性で人を引きつける「総合量販店」や「百貨店」のような戦略である。

1ページにたくさんの機能が盛り込まれているため、デザインはシンプルとは言えない。トップページの文字数をカウントしたところ、3129文字とグーグルの何と27倍だ（図10－1）。

中小企業が強くなるためには、「グーグルのトップページ型」か「ヤフーのトップページ型」のどちらを目指すべきか。

日本の企業数の**99・7％は中小企業**。経営資源に限りある中小企業が、「シンプルな案」と「複雑な案」の2つのどちらを選ぶか迷った時には、間違いなくシンプルなほうを選んだほうがよい。つまり、日本の企業の大半は、一芸に秀でる「グーグルのトップページ型」を目指すべきであろう。

10の資源しかない中小企業が1000のことをしようとしても、1000の資源を持つ大企業には絶対にかなわない。10の資源を1つに集中するのが小さな企業のあるべき姿だ。

経営資源が限られる中小企業が「グーグルのトップページ型」を目指すべき理由を、以下で改めて確認しておこう。

第一に、「ヤフーのトップページ型」の足し算の競争においては、中小企業は大きな企業にかなわない。総合力で勝つことができるのは、限られた数の大企業である。逆に、**引き算の競争では、規模の小ささが有利に働く**ことも多い。大企業が引き算するには、既存の組織の廃止など、大きな代価が必要になるからだ。

第二に、事業領域や品ぞろえを**足し算すればするほど、競争条件が厳しくなる**ため、その領域でナンバーワンになれる可能性は少なくなる。領域を絞り、「深さ」の勝負に持ち込めば、中小企業でも、ナンバーワンになれる可能性が生まれてくる。

第三に、日本の国旗の例で述べたように、**シンプルだと、小さくても力強くなる**。小さな企業でも、シンプルになれば、「とんがり」が生まれ、選ばれやすくなる。

第四に、足し算は大きな企業に真似されやすいが、引き算は真似されにくいということだ。**大きな企業は、「足す」のは得意だが、「引く」のは苦手**だからだ。

第五に、「グーグルのトップページ型」の戦略は、企業のブランド力を高めやすい。**「グ**

グる」とは言うが、「ヤフる」とは言わないのはなぜか。

イギリスのブランド評価企業であるインターブランド社の「ベスト・グローバルブランド」（２０１４）を見ると、グーグルは第2位であるが、ヤフーはベスト１００にも入っていない。足し算の発想でブランドをつくるのは難しいということだ。

足し算の悪循環

図10-2 足し算の悪循環

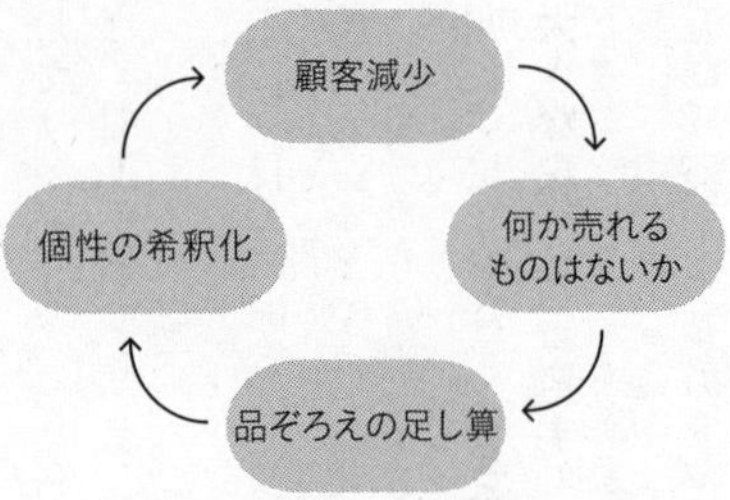

「小さな企業が引き算？　あたりまえだろう」

こう言う人がいるかもしれない。現実はどうだろうか？

ためしに地域の商店街に行って、いくつかの店を見てみよう。元気がない店に目をやると、ほとんどが「足し算型」の品ぞろえだ。

「これが売れない。だから、あれも売ろう」

「他社が売っている商品を、うちでも売ろう」

図10-3 足し算による業績低下のスパイラル

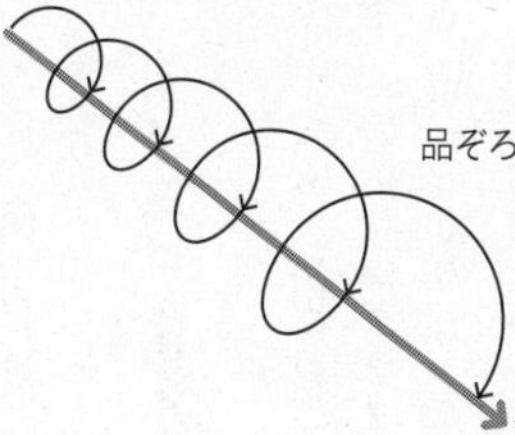

「売り上げが伸びないから、対象顧客を広げよう」

売り上げが減少すると、「何か売れるものはないか」と場当たり的、対症療法的に商品を足し算してしまう。その結果、**個性が希釈化し、今まで以上に売り上げが減少してしまう**という悪循環だ（図10－2）。

「足し算の悪循環」に陥っているかどうかを、いかに判断するか。

最近、次のような言葉が、思わず口から出ていないだろうか？

「忙しくなる一方だが、業績の低下が続く」

「いくら働いても、良い結果が出ない」

「貧乏暇なし」

もし、そうだとすると、**「足し算の悪循環」に陥っている可能性がある**。

多くの企業は、「足し算」が既存商品の価値まで下げていることに気づかず、さらに何かを足し算してしまう。足し算による業績低下のスパイラルの始まりだ（図10－3）。やがて、企業は「病気」になる。行きつく先は企業の「死」かもしれない。気を付けたほうがよい。

引き算は、中小企業に分がある

中小企業でも、「引き算」なら大規模企業に負けないことは、データからも示唆される。図10－4の折れ線グラフを見てほしい。折れ線がクロスしているということは、規模によって、品ぞろえの引き算の効果に違いがあることを示している。

「中小規模店」においては、「商品の引き算（核商品がある）」が顧客満足度につながっていることが分かる。「大規模店」では、それほど強い関係が見られない（図10－4の右）。

ターゲットの引き算においても同様だ（図10－4の左）。この図でも、折れ線がクロスしている。つまり、規模によってターゲットの引き算の効果が異なるということである。大規模店とは異なり、「中小規模店」では、「ターゲット顧客が絞られている」企業ほど顧客満足度が高くなっている。

図10-4 大規模企業よりも、
中小企業のほうが「引き算」の効果は高い

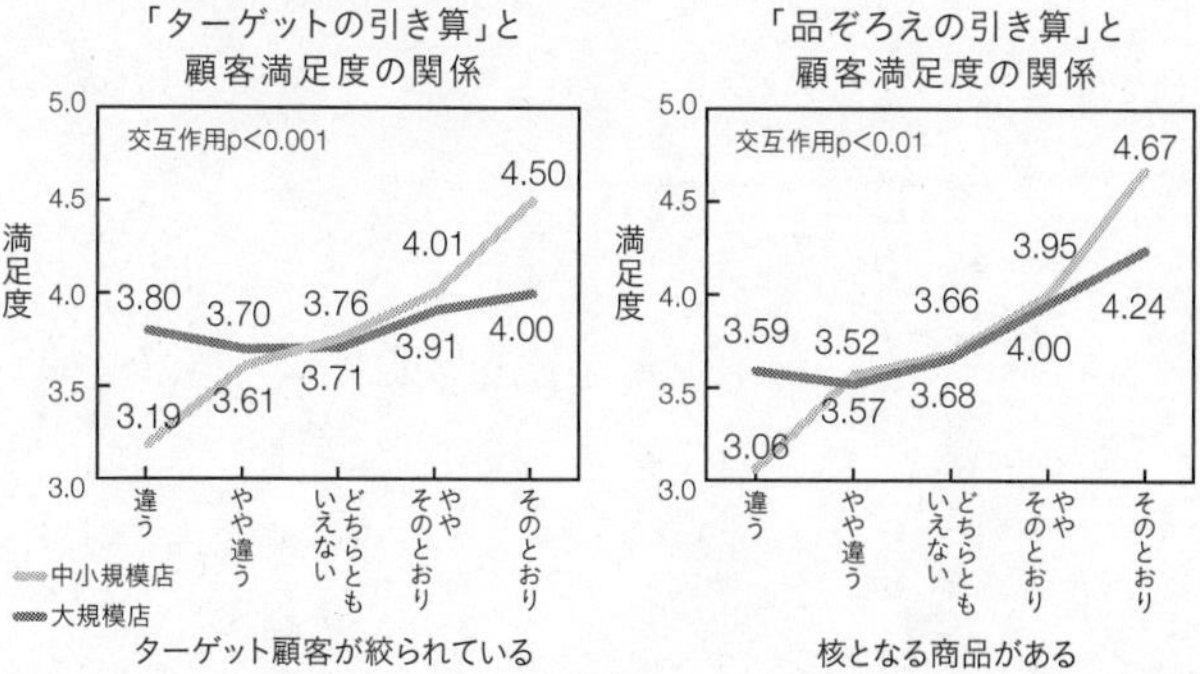

出所）岩崎研究室調査（2009年1月、全国1000人の消費者）
注）満足度は5ポイントスケールで測定（満足5〜不満1）

小さな企業が顧客を引きつけるためには、「足す」よりも、「引く」ほうが良いということだ。

ここまでの議論で、引き算の発想、引き算の効果、引き算の前提条件などが理解できたと思う。「引き算」はたしかに企業の引力を高め、顧客を引きつける。

とはいえ、単に引けば良いということではない。「良い引き算」もあれば、「悪い引き算」もある。では、どのように引き算をしていくのか。

次章からは、**いかに引き算をして、いかに人を引きつけるのか**を、具体的な事例も含めて見ていくことにしよう。

PART3

いかに引き算をするか、いかに人を引きつけるか

CHAPTER11

品ぞろえの引き算

何を売らないか

企業の経営資源は有限である。限りある資源を有効に活用するためには、「何を売るか」を決めるのと同様に、**「何を売らないか」を決めることが重要**である。

品ぞろえをむやみに拡大し、何もかも詰め込もうとすると、企業や商品の「引力」は低下していく。

地域産品の「詰め合わせセット」はブランドにならないし、食材をいろいろと使った「幕の内弁当」もブランドにはならない。百貨店のイベントでも、「日本のうまいもの市」よりも「北海道のうまいもの市」のほうが、集客力があるように感じる。「全国の伝統工芸展」よりも「京都の伝統工芸展」のほうが、たくさんの来場者を集めそうだ。

今日、強いブランドを持つ企業の多くは、品ぞろえを広げるのではなく、絞り込んでいる。品ぞろえを引き算することによって、「引力」が増加するのである。

「品ぞろえの引き算」の手順そのものはシンプルだ。まず、自分の業界において、一般的な商品のラインナップを顧客視点で洗い出す。次にその中の「何か」に集中し、別の何かを引き算する。ここでポイントになるのは、引き算したときに、新しい価値が生まれるということである。

以下では、「品ぞろえ」に関して、いかに引き算をするのかを事例も含めて見ていこう。

品ぞろえの足し算は、消費者も望まない

スターバックスでハンバーガーを売ってほしいだろうか？

全国消費者1000人調査でこの質問に「そう思う」と回答した消費者は、わずか3・6％。スターバックスは食事の場ではない。

アップルに冷蔵庫をつくってほしいと思うだろうか？

「そう思う」は、わずか2・8％。アップルは家電メーカーではない。

表11-1 顧客は、足し算を求めていない

	そう思う	やや そう思う	どちらとも いえない	あまりそう 思わない	そう 思わない
スターバックスで、ハンバーガーを売ってほしい	**3.6%**	13.3%	32.6%	26.5%	24.0%
アップルに、冷蔵庫をつくってほしい	**2.8%**	7.7%	29.4%	27.7%	32.4%
マクドナルドでカレーライスも扱ってほしい	**3.3%**	9.6%	16.2%	31.9%	39.0%
ジャニーズ事務所に女性アイドルがいてほしい	**3.4%**	11.4%	30.2%	20.0%	35.0%

注）消費者1000人調査

マクドナルドでカレーライスも扱ってほしいだろうか？「そう思う」は、わずか3・3％。マクドナルドはハンバーガーショップであって、レストランではない。

ジャニーズ事務所に女性アイドルがいてほしいだろうか？「そう思う」は、わずか3・4％。ジャニーズといえば、男性アイドルだろう。

スターバックスでハンバーガーを扱っていないことで、売り上げを失っているのだろうか？アップルが冷蔵庫を扱っていないことで、機会損失を招いているだろうか？

逆である。引き算をしているから、コンセプトが明確になり、人を引きつけている。

ハンバーガーだけでなく、カレー、パスタ、ピザ、サンドイッチを提供する「マクドナルド」のレストランを想像してほしい。行きたいと思うだろうか？

マクドナルドは、ハンバーガーに特化しているから、マクドナルドなのである。「ハンバーガーを売る」と「ハンバーガーも売る」。わずか1文字の違いが、大きな「引力」の違いを生むのである。

品ぞろえの引き算で「引力」が高まる

AとBの2つの博物館があるとしよう。あなたは、どちらにインパクトを感じるだろうか。また、どちらに行きたいだろうか？

1　A　日清食品ミュージアム
　　B　カップヌードルミュージアム
2　A　江崎グリコ博物館
　　B　ポッキー博物館
3　A　食の博物館
　　B　ラーメン博物館
4　A　交通博物館
　　B　鉄道博物館

5 A 古代生物博物館
B 恐竜博物館

Aはどれも、包括的な品ぞろえ(足し算型)である。Bは、Aの一部に焦点を絞った品ぞろえ(引き算型)である。

消費者1000人調査の結果を見てみよう。図11-1の横軸は「インパクトの程度」、縦軸は「行きたい程度」を示している。

図から明らかなとおり、AグループとBグループがきれいに分かれている。いずれのケースも、圧倒的に多くの人がBに「インパクト」を感じ、Bに「行ってみたい」と回答しているということだ。

この結果から、①品ぞろえの引き算によ

図11-1 引き算によって、インパクトと引力が高まる

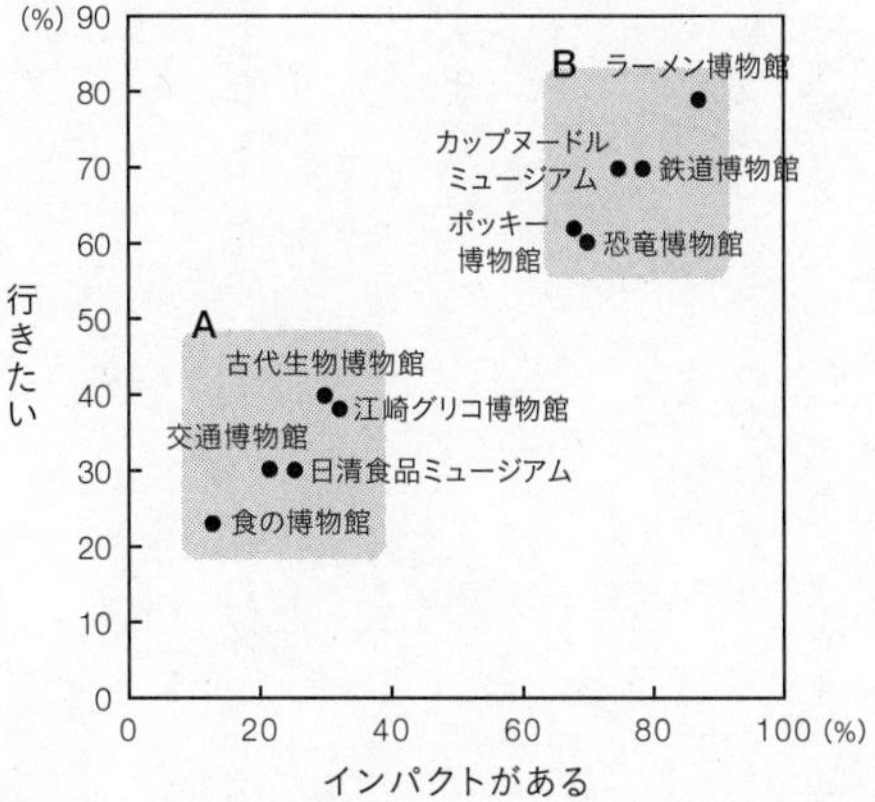

って、インパクトが増加すること、②インパクトの増加によって、顧客を引きつける力が増加することが分かる。

引き算→インパクト向上→選ばれる

たくさんの商品を紹介するよりも、品ぞろえを引き算することによって、逆にインパクトが高まり、選ばれやすくなるということだ。

以下、「品ぞろえの引き算」に成功した事例を見てみよう。

シンプルが信念「アップル」

現在、世界を代表する引き算企業のひとつが、「アップル」かもしれない。

世界のブランドの評価を行うインターブランド社（イギリス）の「ベスト・グローバルブランド２０１４」の評価を見てみると、アップルのブランド価値は１１８８億ドルで、世界一だ（２位はグーグル、３位はコカ・コーラ）。

かつて、倒産の瀬戸際とも言われたアップルが復活し、ブランド力が急速に高まるきっかけとなったのは何だろうか?

それは「品ぞろえの徹底的な引き算」だ。アップルを救い、アップルの「引力」を高めたのは、ジョブズの「絞り込む力」である。

アップルを追い出されたスティーブ・ジョブズが1997年にアップルに復帰すると同時に行ったのは、製品のラインナップの見直しである。

ジョブズは製品の絞り込みにとりかかり、すぐに70%もカットした。マッキントッシュだけでも10種類あまりあったものを、「一般消費者」「プロ」「デスクトップ」「ポータブル」の4種類に引き算をした。プリンターもサーバーも引き算した(アイザックソン、2011年)。

「集中することとシンプルであることは私の信念である。シンプルであることは、複雑であることよりもむずかしい。物事をシンプルにするためには、懸命に努力して思考を明瞭にしなければならないからだ。だが、それだけの価値はある。なぜなら、ひとたびそこに到達できれば、山をも動かせるからだ」(スティーブ・ジョブズ)

「シンプルさ」を選んだアップルは、わずかな製品群しか持たない。選択肢が少ないことは、弱点になっていない。逆に、それが強さにつながっている。

家電、エレクトロニクス商品、ゲーム、音楽、映画、金融、住宅など幅広い事業を展開する日本の家電メーカーとはきわめて対照的である。

「ほんとうの経営者は、来年、再来年になにをやるか。それはだんだんひろげていくのじゃなしに、だんだんせばめていくことだと思う。そこに集中しようと思ったら、いらんことはやめていく。それでなきゃ集中できない」(ソニー創業者 井深大)

この言葉を聞くと、なぜスティーブ・ジョブズが、かつてのソニーを尊敬していたのかが分かる気がする。

家電メーカーをはじめ我が国の企業は、今こそ、ソニーの創業者、井深大の言葉を重く受け止める必要があるのではないだろうか。

引き算には勇気がいるし、引くことは単純なことではない。だが、それが実現できれば、大きな力を得ることができるのである。

表11-2 「コーヒー」と聞いて思い浮かべるブランドは？

順位	キーワード	出現頻度
1	スターバックス	435
2	ドトール	118
3	ネスカフェ	85
4	UCC	73
5	キーコーヒー	31

出所）岩崎『小さな会社を強くするブランドづくりの教科書』(2013)

引き算がブランド化のきっかけ「スターバックス」

「コーヒー」と聞いて思い浮かべるブランドは何だろうか？圧倒的に多くの消費者が、まず思い浮かべるのは、「スターバックス」である。

「スターバックス」のように強いブランドを持つ企業から、ブランドづくりの本質を学ぶときにもっとも注目すべきことは何だろうか。

それは、スターバックスが「今、何をしているのか」ではなく、**スターバックスが「何をして強いブランドになったのか」**だ。

図11－2は、スターバックスのロゴの変遷を示したものである。開業当時（1971年）のロゴ（図の左）を見てほしい。もし、このロゴを使い続けていたら、ブランド力はここ

まで強くはならなかったはずだ。

なぜだろうか？

このロゴには、「コーヒー」「ティー」「スパイス」と書いてある。開業当時、スターバックスはコーヒー、紅茶、スパイスを売る店だったということである。

1987年のロゴから「ティー」「スパイス」の文字が消えている。スターバックスの飛躍のきっかけは、**「紅茶」と「スパイス」を引き算し、「コーヒー」に焦点を絞った**ことだ。

もし、スターバックスが、コーヒー、紅茶、スパイスを総合的に扱う企業であり続けたとしたら、今のような強力なブランドになることはなかっただろう。

ロゴのデザインそのものも、時代とともにシンプルになっている。現在のロゴがもっともシンプルでパワフルだ。図の左から右へ行くほど、すなわち、シンプルになればなるほど、エネルギーとインパクトを感じるのは、筆者だけではないはずだ。

ただ、忘れていけないのは、ロゴはシンプルに進化しているが、**核はけっして変化していない。軸はぶれていない**ということである。1987年以降、ロゴのダークグリーンのカラーは変わらないし、真ん中のセイレンと呼ばれる妖精は不変だ。スターバックスのよ

図11-2 スターバックスのロゴの変遷

うに、**しっかりした核がなければ、引き算はできない**のである。

スターバックスが行った引き算は、それだけではない。

たとえば、**喫煙スペースの引き算**である。スターバックスの店内では、タバコを吸うことができない。タバコの煙があると、ゆったりとくつろいでコーヒーの味と香りを楽しむことができないからだ。

ピザやホットドッグを扱わないのも、同じ理由である。匂いの強い食べ物を扱うと、コーヒーの香りを楽しむことはできない。スターバックスの店内は、食事の空間ではなく、くつろぎの空間なのである。

スターバックスが、「紅茶・スパイス」や「喫煙客」を引き算したことで、ブランドとしての魅力が減少しただろうか？

逆である。

引き算したからこそ、本質が引き出され、消費者を引きつけている。

図11-3 無印良品が好きな人ほど、モノの豊かさよりも心の豊かさを重視

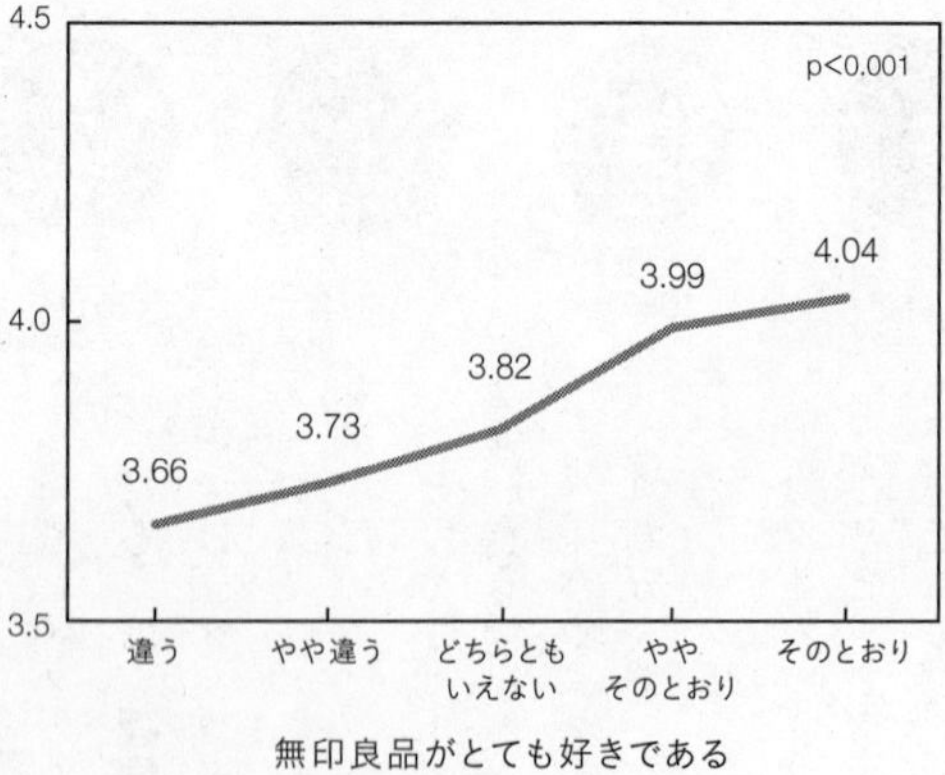

日本を代表する引き算企業「無印良品」

「無印良品」は、日本を代表する「引き算企業」だ。**ブランドを引き算するという「無印」というコンセプトが、逆に「ブランド」として認知されている。**

「無印良品」のものづくりに対するスタンスは極めて明確だ。複雑な機能をつけず、必要最低限の機能に特化する。不要なものを引き算して、本質を追求する。

シンプルで機能性に優れ、心地よい商品。余分な要素を引き算したシンプルなデザイン。素材の色はそのまま生かす。無駄な包装、余分な飾りを引き算する。シンプルだから、飽きがこない。

図11-4 無印良品が好きな人ほど、シンプル志向

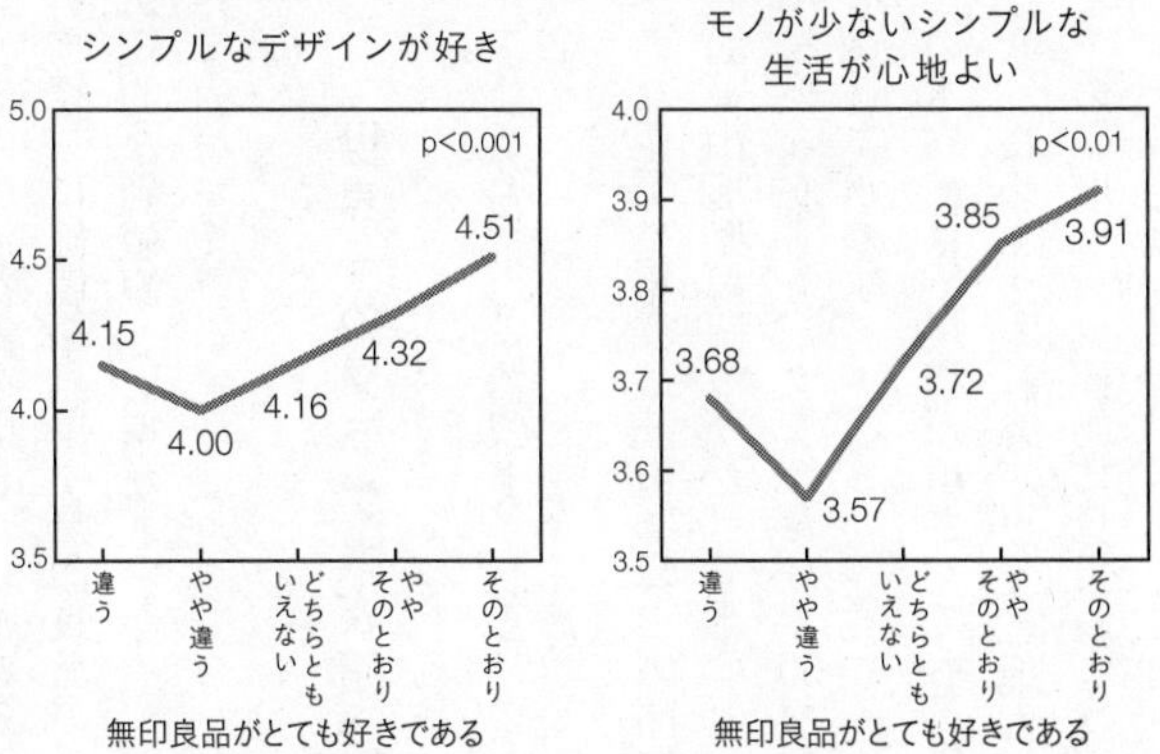

注）消費者1000人調査。「シンプルなデザインが好き」等は「そのとおり」(5)～「違う」(1)の5ポイントスケールで測定。

目指しているのは、「これがいい」でなく、「これでいい」だ。この世界観が消費者の共感を呼ぶのだろう。

図11－3の消費者1000人調査の結果を見てほしい。無印良品が好きな人ほど、「モノの豊かさよりも心の豊かさを重視している」ことが分かる。**「無印良品」は、モノでなく、その「世界観」や「提案するライフスタイル」で消費者を引きつけている**ということだろう。

また、「無印良品」が好きな人ほど、「モノが少ないシンプルな生活が心地よい」「シンプルなデザインが好き」という傾向がある（図11－4）。他の大手小売業に関しても同様な分析を行ってみたが、「無印良品」のような傾向は見られなかった。シ

ンプル志向の消費者を引きつけていることは、無印良品の特徴であり、強さであろう。「引き算」に価値を見出す無印良品のスタイルは、禅、茶室、日本庭園、俳句など、日本の伝統的な価値観とも重なる。今や、「無印良品」は日本だけでなく、「ＭＵＪＩ」として世界に広がっている。

世界一のクラゲ水族館「鶴岡市立加茂水族館」

「貧乏な弱小水族館でも、やればできる」（注１）

小さな企業や組織の「引き算の戦略」に勇気と示唆を与えてくれるのが、鶴岡市立加茂水族館（山形県鶴岡市）だ。

小規模ながらも、クラゲだけで50種類以上、３万匹以上のクラゲがいる「世界一のクラゲ水族館」である。

この水族館は、**規模が小さくても、経営資源が少なくても、引き算で世界一になれること**を我々に教えてくれる。以下、地方の小さな水族館が、「世界一のクラゲ水族館」に至るまでの足取りを具体的に見てみよう。

加茂水族館は、1964年に開館した水族館だ。当時の床面積は1300平方メートルほどしかない。「どことい って取るところのない、無くてもいい水族館だ」とも言われた。開館当時は年間20万人を超す入館者がいたが、他の地域にも水族館が次々にできたことなどから、以後入館者は落ち込みを続け、97年は9万人と開館時の半分以下まで落ち込んだ。

「入った人が15分で出てくる」

集客力を高めようと、他の水族館で人気だったラッコを導入してみても、入館者は一向に増えない。経営は悪化の一途をたどり、1997年ごろには存続の危機に追い込まれた。

「どん底の時にクラゲに出会った」

そんなとき、当館のサンゴの水槽からサカサクラゲの赤ちゃんが湧いて出た。クラゲをためしに展示してみたところ、「お客さんがワーワーキャーキャー喜んでいる」。歓声をあげながらクラゲを見つめるお客さんの姿を見て、「クラゲにかけるしかない」と腹をくった。

調べてみると、水族館の前の海にはクラゲが100種類以上も泳いでいることや、この海の水がクラゲを繁殖するのにこの上ない水であることも分かった。

「それまで、ずっと遠くばかりを見ていた」

大切なものは足元にあったということだ。**隣の芝生は青くない**。ここからが第2幕のスタートだ。

「やっと気づいたんです。人の後を追いかけてもダメ」

「他であるもので勝負したって勝てるはずはない」

第1幕は「足し算」だった。それまでは、人の真似ばかりやっていた。他の水族館で見てきたことを小さく貧弱にやる。他の水族館を視察し、その真似をしてみる。熱帯魚、ナマズ、サンゴ、シーラカンスなど、次々と増やしてみた。でも成果が出ない。

「小さな施設が他の真似をして、こぢんまりやってもうまくいかない」

「それまでは、いろいろと、ごちゃまぜでした」
「どこかにあるようなものしかしない。だから失敗する」

第2幕は、「引き算」だ。これまで脇役にすぎなかったクラゲが主役になる。ラッコもやめ、熱帯魚もやめ、クラゲの展示を拡大していった。脇役でも、とことん集中すれば主役になることができるはずだ。

小さな水族館が「水族館」という大きなカテゴリーで一番になることは無理である。だが、**これまでなかった「クラゲ水族館」という絞り込まれたカテゴリーであれば、一番になれる可能性はある。**

「世界一のクラゲ水族館をつくろう」

引き算には「決断力」と「行動力」が欠かせない。「明日はくびになってもいいと思って、腹をくくって、やり通した」。村上館長の勇気とアイデアと行動力がなければ、世界一のクラゲ水族館になることはなかっただろう。

寿命の短いクラゲの多種類展示は、非常にハードルが高い。平均4カ月の寿命のクラゲは、何もしなければ4カ月で何もなくなるということだ。寿命が短いクラゲを通年展示す

図11-5 鶴岡市立加茂水族館の入館者数の推移

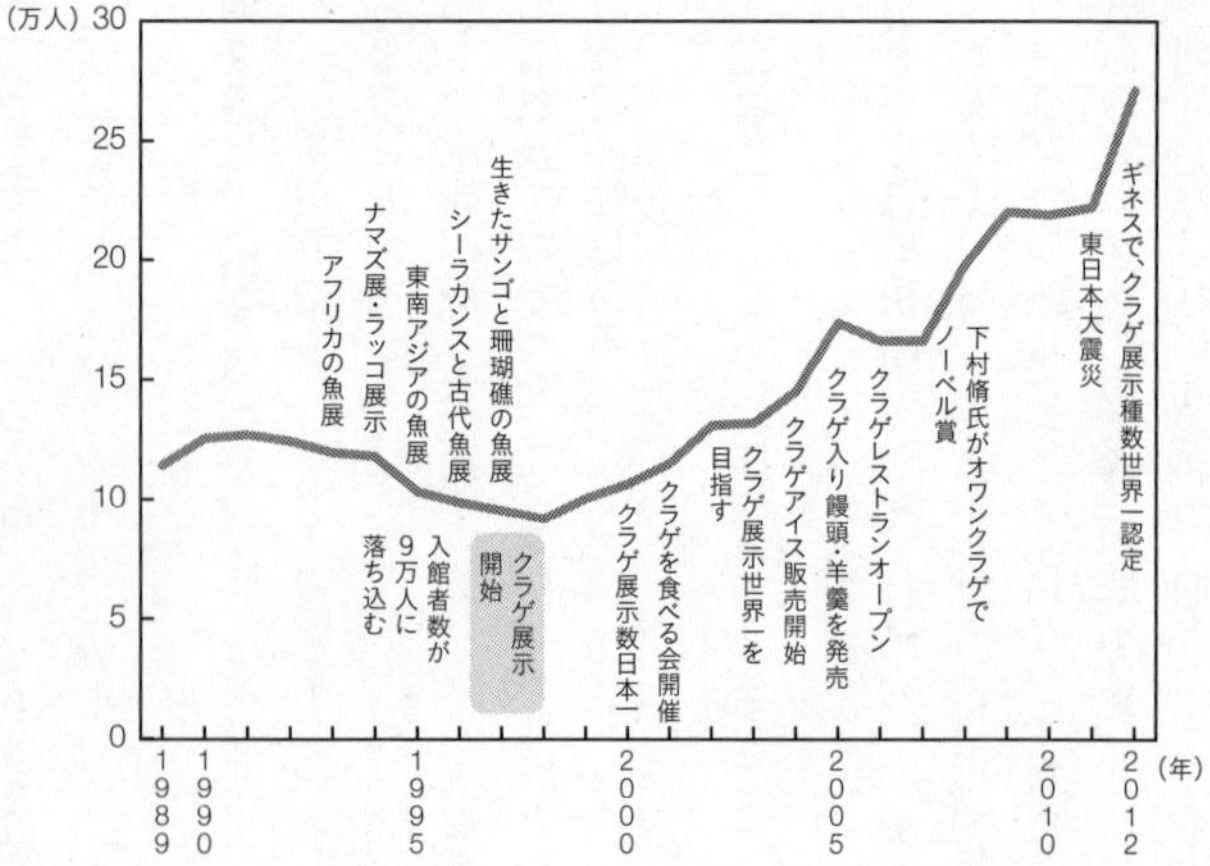

出所）鶴岡市立加茂水族館

るためには、難しい繁殖に取り組まなければいけない。館長のリーダーシップのもと、クラゲ展示の拡大と充実、職員のレベルアップを毎年続けてきた。

この水族館には、**一般の水族館では定番のイルカも、ペンギンも、熱帯魚もいないが、クラゲであれば何でもいる。**クラゲの種類や数の多さだけではない。

水槽の中で優雅に泳ぐクラゲを見ていると本当に癒されるが、売店では『癒しのクラネタリウム：美しく宙を舞うような神秘の姿』というDVDも売っている。

館内のレストランでは、エチゼンクラゲ定食やクラゲラーメン、クラゲアイスなどが人気だ。ウィンナーコーヒーの上にはミキサーにかけた細かなクラゲが載っている。

人気のお土産はクラゲ饅頭、クラゲ羊羹だ。餡にクラゲの粒が入っている。これで味が良くなっているかどうかは分からないが、それでも飛ぶように売れる。

加茂水族館のクラゲの大水槽（クラゲドリームシアター）

今は、この小さな水族館を目指して、全国から人が集まる。2014年には新館をオープンした。面積は1300平方メートルから4200平方メートルに増加、クラゲの展示室も約2倍になった（それでも水族館としては小規模だ）。

新館のシンボルは、直径5メートル、水量40トンのクラゲドリームシアターと呼ばれるクラゲ大水槽だ。数千匹のミズクラゲが群泳する光景は、圧巻で感動的である。**誰もが写真を撮りたくなるようなフォトジェニックなシンボル**だ。来館者のブログ、フェイスブック、ツイッターなどSNS（ソーシャル・ネットワーキング・サービス）で魅力が拡散していく。

引き算で個性化したこの水族館には、テレビ、雑誌、新聞などメディアの取材もひっきりなしである。どこの報道も、取り上げているのはこのクラゲの大水槽である。

「クラゲに磨きをかけて、とことんやっていけば必ず勝てる」

大きな水族館だったら、クラゲだけで数ある水槽を満たすことは難しかったはずだ。そもそも、クラゲに絞り込むという発想も出てこなかっただろう。そこそこの利益をあげていたのなら、引き算はできなかったかもしれない。**「制約」と「危機感」をチカラに変えたということだ。**

この世界一のクラゲ水族館は、たとえ小規模であっても、「知恵」を絞り、引き算することによって、成功できることを教えてくれる。

はじまりは喫茶店「ＣｏＣｏ壱番屋」

全国的に人気のカレー専門店「カレーハウスＣｏＣｏ壱番屋」。海外にも店舗を拡大し、２０１３年には「世界でもっとも大きいカレーレストランのチェーン店」としてギネス世界記録に認定されている。

この**カレーチェーン業界の最大手も、スタートは小さな企業**だった。1974年開業の「喫茶バッカス」。名古屋にあった小さな喫茶店がルーツである。メニューの中で、とくに人気だったのがカレーライスだった。

成長のきっかけは「品ぞろえの引き算」だ。

喫茶メニューを引き算し、カレーに集中したのである。「カレーハウスCoCo壱番屋」が誕生したのは、喫茶店開業から4年後のことである。

もし、引き算をせずに、「カレーが人気の喫茶店」のままで営業を続けていたら、今のように成長しただろうか？

Q どこでカレーが食べたいですか？

A カレーの専門店　B カレーが人気の喫茶店

A 71・6%　B 28・4%

この消費者1000人調査の結果から示唆されるように、喫茶店業態を維持し、〝カレーが人気の喫茶店〟だったら、ここまで伸びることはなかったはずだ。全国的に人気のブランドにはならなかっただろう。

「カレーハウスＣｏＣｏ壱番屋」は、大企業になった今も、**明確な経営コンセプトで、ぶれない経営を続け、決して「足し算」をしない。**これが、圧倒的な人気と成長を続けている秘訣だ。

「壱番屋は、みなさんに心地よく感じてもらえる、いっぽんの樹でありたいと思います」（注2）

一本の樹でありたい。決して、たくさんの樹を植えようとはしない。すなわち、足し算経営はしないということだ。強くぶれない「幹」（軸）があり、それを大地に張り巡らされた「根」がしっかりと支え、幹には「枝・葉」が豊かに茂っていることが、強さにつながっている。

もしも、カレー専門店が「品ぞろえの足し算」で成長しようと考えて、ハンバーグ料理を扱ったらどうなるか。

Q どちらのレストランに魅力を感じますか？

A店 カレー専門レストラン
B店 カレーとハンバーグを提供するレストラン

A店 72・0％ B店 28・0％

圧倒的に多くの回答者（72％）が「カレー専門レストラン」を選ぶ。「カレーとハンバーグを提供するレストラン」を選ぶのは、その半分以下の28％にとどまる。

この結果が示唆するのは、もし「カレーの専門店」がハンバーグを足し算するとしたら、半分以上の顧客が去っていくかもしれないということだ。

げんこつハンバーグが目玉「さわやか」

静岡県民に会ったら、「ハンバーグのレストランと言えば？」と聞いてほしい。その多くが「さわやか」と答えるはずだ。

「さわやか」は、静岡県民から愛されるハンバーグの専門店である。静岡県内に28店のハンバーグレストランを展開している(注3)。

核商品は、「げんこつハンバーグ」だ。牛肉100%、素材に徹底的にこだわり、厳格な衛生管理で「中身が赤い程度」がもっともおいしい。表面はこんがり焼けて、中身は肉汁たっぷりだ。リーズナブルな価格ながら、一度食べたら忘れられない味である。

「さわやか」も、スタートは喫茶店(コーヒーショップ)だった。「コーヒーショップさわやか」として1977年に静岡県菊川町(当時)で創業。当初のコンセプトはコーヒーを気軽に飲みに来ることができる店である。

喫茶店のメニューのひとつが、牛肉100%の炭焼きハンバーグだった。あまりにも人気があったため、喫茶店で提供していた多様なメニューを引き算し、ハンバーグに焦点を絞った。「コーヒーショップさわやか」から「炭焼レストラン さわやか」に生まれ変わったのは1989年のことである。今では、静岡県を代表するハンバーグの専門店だ。

もし、「さわやか」が「ハンバーグが美味しい喫茶店(コーヒーショップさわやか)」のままであったら、今のように成長することはなかっただろう。

引き算がブランド化のきっかけだ。

出店エリアも、静岡以外は「引き算」である。このハンバーグの味は、静岡に来なければば楽しむことができない。今では、県外からもわざわざ客が訪れるほどの人気である。

共通点は何か？

以上、本章では、「品ぞろえの引き算」について見てきた。

ここで分かったことは、「アップル」も、「スターバックス」も、「加茂水族館」も、「CoCo壱番屋」も、「さわやか」も、**ブランド化のきっかけは、「品ぞろえの引き算」だったということだ。**

「アップル」に復帰したスティーブ・ジョブズは、すぐに商品の70％を引き算した。

「スターバックス」は、1987年にロゴからティーとスパイスを引き算した。

「加茂水族館」は、ラッコやイルカや熱帯魚を引き算して復活した。

「CoCo壱番屋」「さわやか」は、一般的な喫茶店の食事メニューを引き算して今がある。

「引き算」の力は、とても大きい。次章では、「品ぞろえの引き算」に続いて、「ターゲットの引き算」について検討していこう。

［注］

1　村上龍男加茂水族館館長（当時）へのインタビューは2014年12月4日に行った。以下、本節の会話は、村上館長とのインタビューに基づく。

2　カレーハウスCoCo壱番屋ホームページ https://www.ichibanya.co.jp/comp/info/ideology/index.html

3　店舗数は2015年5月現在。

CHAPTER12

ターゲットの引き算

誰に売らないか

消費者ニーズの多様化が進む今日、「あらゆる人のための商品」はありえない。経営資源が限られるひとつの企業が、すべての顧客を満足させることは不可能だ。

今の時代、**すべての顧客の要望に応えようとすると、結局、誰の要望にも応えないことになってしまう**。「万人受け」という言葉はすでに死語かもしれない。

「誰に売らないか」を決めることによって、経営資源を最大限に有効に活用し、「売るべき人」に集中することができる。「ターゲットの引き算」で、顧客に対する「引力」を高めることができるということだ。

「ターゲットを狭くすると、顧客も減ってしまうのではないか？」

このように言う経営者は多い。

現実は逆だろう。

ホースの先を絞ると水の勢いが強くなるように、ターゲットを絞ることによって、企業から明確で鮮明な個性が発信され、結果的に多くの人を引きつけることができる。

本章では、「ターゲットの引き算」の重要性とその方向性について、事例も含めて具体的に見ていくことにしよう。

なぜ「ターゲットの引き算」が必要なのか

「世の中が多様化しているから、自らも多様化しなければ、時代に置いていかれてしまう」

こう言う人がいるが、この発想はとても危険だ。

すべての人を満足させようとすると、誰も満足しなくなる。**世の中が多様化すればするほど、何かを引き算をして、何かに集中することが大切になる。**

図12－1を見てほしい。ターゲットが絞られている企業ほど、顧客の満足度は高くなっていることが分かる。

世の中が多様化すると「ターゲットの引き算」が、なぜ必要になるのか。ここでは、簡

図12-1 ターゲットの絞り込みと、顧客満足度の関係

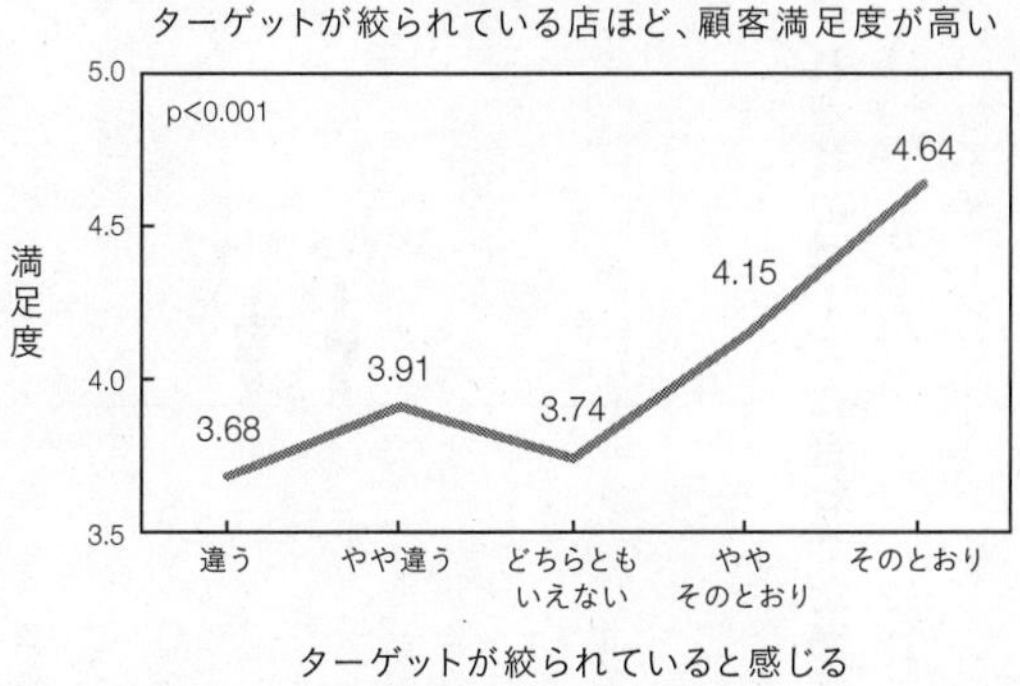

注）消費者1000人調査。回答者が「利用している店」を1店具体的に思い浮かべて回答してもらった。満足度は「満足」(5)～「不満」(1)の5ポイントスケールで測定。

単な事例を用いて説明しよう。

まず図12－2を見てほしい。この図の横軸を、消費者の「好みのモノサシ」としよう。

過去、消費者ニーズが均一であった時代は、企業は「平均ニーズ」に合わせておけばよかった。AさんもBさんもカレーが好きなら、自社もカレーを販売すればよい。

消費者ニーズが多様化するとどうなるだろうか。ここでは話をシンプルにするために、消費者2人から構成される世界を想定し、2人のニーズが「カレー」と「ラーメン」に分かれた状況を想定しよう。

ニーズの多様化への対応として、まず考えられるのは、2人の**「平均」に合わせる**

図12-2 均一的なニーズ（過去）

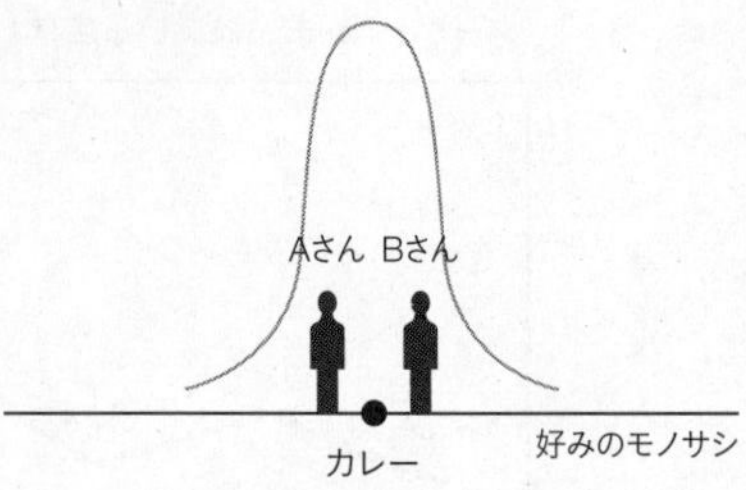

ことである（図12－3の右側のパターン1）。たとえば、AさんとBさんのニーズに合わせようと、「カレー」と「ラーメン」を合体させた「カレーラーメン」という商品をつくるというイメージだ。

すると、どうなるだろう。

おそらく、うまくいかない。

カレー好きのAさんにとって、カレーラーメンは中途半端であり、ラーメン好きのBさんにとってもカレーラーメンは中途半端な商品になる。**消費者ニーズが多様化すると、平均値は「実体のない値」になる**ということだ。

ニーズの多様化への対応として、次に考えられるのは、**それぞれのニーズに合わせた商品を提供する**ことである（図12－3の左側のパターン2）。AさんとBさんのニーズに合わせようと、「カレー」も「ラーメン」も扱う店をつくるといったイメージだ。

すると、どうなるだろう。

おそらく、これもうまくいかない。この店のカレーは「カレー専門店」のカレーにはか

図12-3 ニーズ多様化への対応

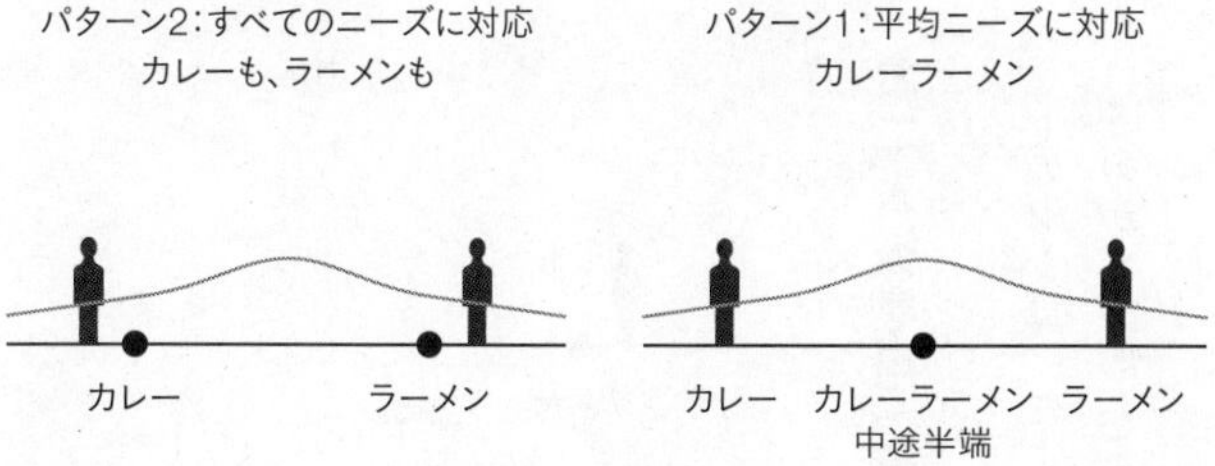

なわないし、この店のラーメンは「ラーメン専門店」のラーメンにはかなわないだろう。複数の商品を足し算することによって、店の個性が希釈化し、「引力」は低下していく。

カレー好きのAさんは「カレー専門店」を選び、ラーメン好きのBさんは「ラーメン専門店」を選ぶはずだ。

では、どうすべきだろうか。

何かを「引き算」して、何かに「集中」することである。このケースでは、ラーメンを引き算し、カレーに特化すること、もしくは、カレーを引き算し、ラーメンに特化することだ(図12-4のパターン3)。

Q どの店にひかれますか?

A カレーとラーメンを提供する店
B カレーラーメンの専門店
C カレーの専門店

図12-4 ニーズの多様化への対応

パターン3：ターゲットを引き算し、
特定ニーズに対応

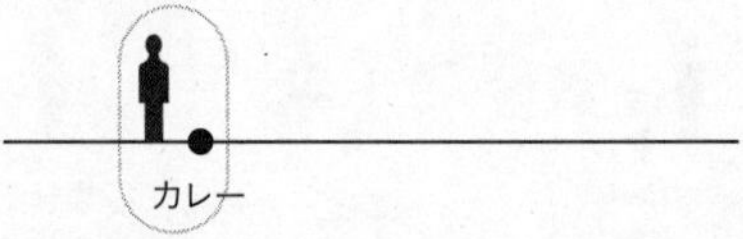

A 28・0% B 8・3%
C 63・7%

圧倒的に多くの消費者が選ぶのは、「カレーの専門店」である。二兎を追うものは一兎も得ない。**消費者ニーズが多様化すればするほど、引き算の発想が重要になってくる**ということだ。

以下、ターゲットを引き算して、顧客を引きつけている事例を見てみよう。

お二人様専用「時の宿 すみれ」

「ターゲットの引き算」によって、いかに企業が「引力」を高めるのか？ 有益な示唆を与えてくれるのが、山形県米沢市にある「時の宿 すみれ」である。

「時の宿 すみれ」は、**「お二人様」専用の旅館だ。**対象としているのは、夫婦、友人、恋人、親子などの「お二人様」だけである。一人客や3人以上の客の宿泊は断る。団体客も、子連れの家族も、グループ客もいない。コンセプトを徹底するため、夫婦2組のグループも受け入れていない。部屋は全10室なので、客数は最大でも1日わずか20人にとどまる。

「ターゲットの引き算」のきっかけは、三代目の黄木《おおき》綾子氏への事業継承である（注1）。

それまでは、温泉のあるごく普通の一軒宿だった。祖父母がこの場所で旅館を始めたのは1980年である。当時の名前は「健康の宿 すみれ荘」。単価は8000円程度で、稼働率は4割ほど。団体客もいれば、家族客も、ビジネス客もいる。レストランでは、そばやラーメンなどたくさんのメニューを用意していた。団体旅行の減少など、時代の流れとともに集客力は弱まり、経営状況は年々厳しくなっていった。

2005年、黄木綾子氏が経営を引き継ぐのを機に、旅館のコンセプトを大きく転換し、名称も「時の宿 すみれ」に変更、リニューアルオープンした。

「お二人様に、やすらぎのひとときを提供する宿」

リニューアル前に、黄木氏が考える旅館の新しいコンセプトを聞いた周囲の関係者から反対の声も上がった。「部屋には2人以上泊められるだろう」「もったいない」「対象を絞ると、宿泊客はもっと減ってしまう」「連れ込み宿のようだ」「団体客を受け入れなければ、売り上げが確保できない」……。

だが、外部アドバイザーの言葉が黄木氏を後押ししてくれた。

時の宿 すみれ

「2人に絞り込んでスタートしても、どうなるか分からない。何も絞り込まずスタートしても、どうなるか分からない。であれば、やりたいほうをやったほうがよい」

ネットの旅行エージェントから提供されたデータも、このコンセプトを進める裏付けになった。「二人客」が伸びていたのである。賛同を得るまでに時間はかかったが、最終的に「お二人様専用」というコンセプトを家族や関係者で共有できた。

「時の宿 すみれ」では、部屋のテレビも、時計も「引き算」だ。団体客の宴会もなく、カラオケもない。ロビーに客がたむろすることもなく、温泉での大声での会話もない。**引き算ゆえに、「静寂」という価値が生まれる。**鳥の声や虫の音、風の音、川のせせらぎが聞こえてくる。

「時の宿」という名に表されるように、宿泊客に提供する価値は、米沢の豊かな自然の中で過ごす「ゆったりした時間」「静かな時間」である。心と身体を癒してくれる温泉は、源泉100%のかけ流しだ。

リニューアル時、「ターゲットの引き算」とともに、もうひとつの引き算を行った。「**料理の素材の引き算**」だ。一般的な旅館につきものの、刺身などの魚料理は当館にはない。

夕食は、**米沢牛づくしのフルコース**。口の中でとろける米沢牛が堪能できる。牛肉で有名な〝米沢ならでは〟の絶品の料理だ。

「ターゲットの引き算」の効果はどうだったか。

リニューアル後、単価は2万円台と以前の2倍以上になった。客室稼働率も9割を超えた。絞り込んだことで個性が生まれ、雑誌、テレビなどたくさんのメディアに取り上げられている。**引き算がもたらしたパブリシティ効果**は計り知れない。

引き算の効果はそれだけではない。

二人客だけに対応すればいいので、団体への対応や部屋の割り振りなどの業務がなくなった。子供用の食事やグッズを用意する必要もないので、オペレーションコストが下がった。一方、スタッフは**二人連れの顧客へのおもてなしに集中できるため、サービスの質が向上し、宿泊客の満足度は高まった。**

「いい時間でした。また来ます」

顧客の満足度は高く、リピート率は5割に達している。宿泊客の口コミによる紹介客比率も2割から3割と高い。**優良顧客が優良顧客を呼ぶメカニズムも生まれている**ということだ。利用者が、「あの人だったら喜んでくれるだろう」という人に紹介をしてくれる。

従来の足し算型の発想だと、顧客満足度を上げるには、何かしらの追加コストがかかるため、生産性は低下することになる。しかし、「時の宿すみれ」は、**ターゲットの引き算によって、「顧客満足度の向上」と「生産性の向上」が両立し得る**ということを教えてくれる。

ワインボトルの高級茶「ロイヤルブルーティー」

写真のワインボトルには、緑茶が入っている。この商品1本、いくらだと思うだろうか？

なんと30万円である。普通のペットボトルのお茶の2000倍の値段だ。ロイヤルブルーティー「MASA Super Premium」という名前の最高級緑茶。この緑茶が売れている。

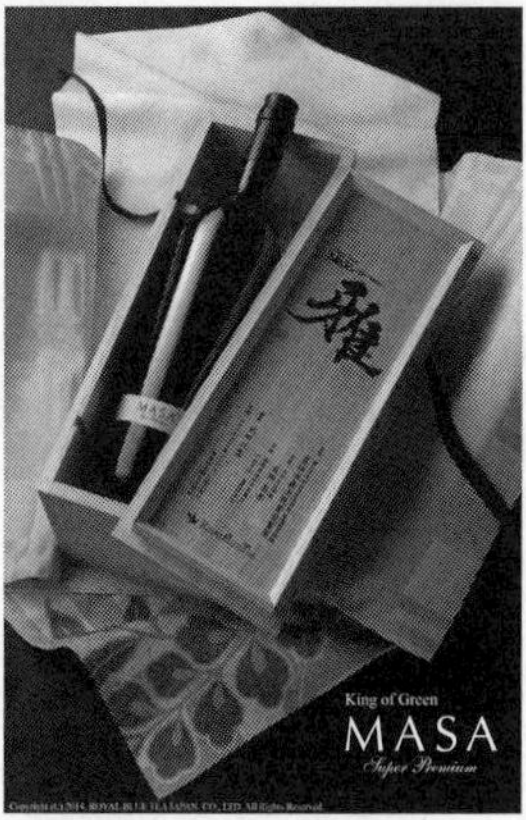

MASA Super Premium

この緑茶を生産販売するのは、ロイヤルブルーティージャパン（神奈川県藤沢市、吉本桂子社長）（注2）。従業員9人の小さな企業であるが、ワインボトルのお茶では、ナンバーワンのブランドだ。2006年に創業。7期目以降黒字化し、現在も高い成長を続けている。

同社が販売するワインボトルに入ったお茶の種類は現在18種類。ラベルのデザインはシンプルで、「和」を感じさせる。価格帯は3000円から30万円である。売れ筋商品の価格帯は5000円だ。

ロイヤルブルーティージャパンの戦略を見ると、「引き算」によって、これまでにない価値を創造していることが分かる。

「ひとつに絞る勇気が、これからのビジネスには必要だという気がします」（吉本桂子社長）

まずは、**ターゲットの引き算**である。ペットボトルに代表される**「大衆市場」を引き算し、高級マーケットに焦点を絞る**。

ロイヤルブルーティーのポジションは明確だ（図12-5）。ペットボトル茶など大衆茶の対極にある、最高級茶のゾーンにポジショニングしている。ここは従来の茶飲料の空白ゾーンだった。

ピラミッドの頂点にある高級マーケットは、規模的には限られているので、量を追求する大規模企業にとって、参入は困難なゾーンでもある。

図12-5 ロイヤルブルーティーのポジション

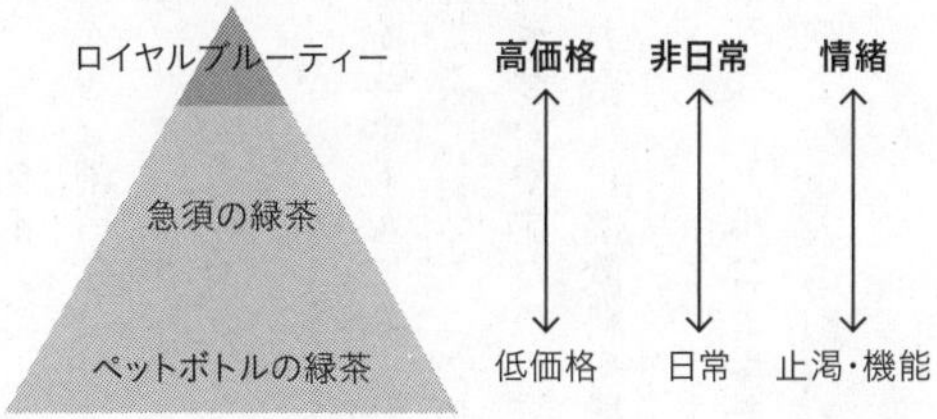

提案する飲用シーンにおいても引き算の発想がある。**日常的な飲用シーンを引き算し、非日常マーケットに特化する。**現在、ロイヤルブルーティーは、高級レストランやホテル、国賓の晩餐会、首脳会議などで振る舞われ、JAL国際線のファーストクラスでも提供されている。ギフト需要も多い。

製造にも引き算の発想がある。**「極めればシンプル」**が同社の製造のモットーだ。製造のプロセスで、熱を加えない。薬品や添加物を一切加えない。

淹れ方は「水出し」という手法である。茶名人といわれる静岡県天竜の太田昌孝氏や、茶師十段の福岡県星野村の山口真也氏らと連携し、希少な最高級手摘み茶葉を確保。この茶葉を3~6日かけて水で抽出、非加熱殺菌をしてワインボトルに詰める。

1本1本手作りで生産しているため、1日の生産量は100本程度に限られる。原料に限りがあり、手間がかかる。大企業には真似が難しい生産手法である。

「引き算」で、同社が生み出したのは、新たな食のスタイルだ。

第一に、ワインボトルに入った最高級茶をワイングラスでたのしむという、新しい食のスタイルを創造した。ホテルのパーティーや結婚式で、ワインの代わりにお茶を頼んでみると、ペットボトルの「ウーロン茶」がガラスのコップにつがれて出てきて、残念な思いをすることが多い（茶どころ静岡でもこのような状況だ）。

ロイヤルブルーティーは、こういった味気なさを解消してくれる。

ワインボトルに入ったお茶をワイングラスに注ぐことによって、「宝石のように輝く色」「上品な淡い香り」「クリアな余韻の残る味わい」を五感で感じることができる。

渇きをいやすために、ごくごく飲むお茶ではない。心をいやすために、リラックスして嗜むお茶。止渇飲料や機能性飲料ではない、情緒性飲料としてのお茶を提供してくれる。

第二は、**アルコールを引き算した「ノンアルコール食文化」**の創造である。同社は、お酒を飲まない人の視点を尊重することが飲食業界の常識となるよう食の多様化を推進する。

ワインで乾杯するように、ワイングラスに入れた緑茶で乾杯する。ワイングラスに入れた緑茶は、美味しさだけでなく、視覚的にも本当に美しい。どんな人でも、華やかなシーンで、シャンパンやワインのように、ワイングラスでお洒落に高品質なお茶を愉しめるスタイルを提案している。

お酒を飲まない人、飲めない人、「高品質ノンアルコール飲料」で外食のゆったりしたひと時を楽しみたい人は多いはずだ。ロイヤルブルーティーは、引き算の発想で、これまでになかった価値を生み出している。

1日1組「Hagiフランス料理店」

「Hagiフランス料理店」(福島県いわき市)は、いわき駅から車で15分ほどの高台にある一軒家のレストランだ。店頭に小さな看板がひとつ、シンプルな店構えである。

この店の最大の特徴は、「1日1組」の顧客しか受け付けないということだ。完全予約制で、「あなただけのために」をコンセプトとする、究極の引き算経営である。

メインダイニングには、大きなテーブルがひとつ。メニューは、1万円、1万5000円、2万円のコースの3つだけ。メニュー表もない。シェフは1人。レジもない。

この店のオーナーシェフは、萩春朋氏(注3)。我が国の優れた料理人に与えられる農林水産省の「料理マスターズ」の1人だ。地元の素材に徹底的にこだわり、シェフと生産者自らの目利きで、その日に収穫した一番美味しい野菜や果物を、その日のうちに食べさせ

Hagi フランス料理店

てくれる。

「1日1組のフランス料理店」が誕生したきっかけは、２０１１年３月に発生した東日本大震災である。

もともと、萩シェフがこの地にレストランを開店したのは、２０００年のことである。「ベルクール」という名前のフランス料理店。座席数は60席、1日の客数は約２００人、従業者はパート・アルバイトを含め15人もいた。

フランス料理店の看板を掲げていたが、当時の人気のメニューは、「オムライス」と「ハンバーグ」といった洋食メニュー。客単価は１５００円程度だ。

売り上げを伸ばすため、顧客の要望にあわせて、次々とリーズナブルで、食べやすいメニューを足し算していった。無理をして、キャパシティ以上の客を受け入れることもあった。

客数が「足し算」されていく一方で、次第に店の個性やこだわりが薄まっていく。フランス料理のコースを食べる顧客の横で、別の顧客はハンバーグを食べていた。

「濃い味が好きな人もいれば、薄い味が好きな人もいる。顧客の数を増やそうと、真ん中の味に近づけていく途中では、お客さんが増えていった。しかし、真ん中の味になった途端、売り上げはガクンと落ちた」

消費者ニーズの多様化が進む今日、**「平均値」には実体がない**ということだろう。すべての人に好かれようとすると、誰にも好かれなくなってしまう。

リーマンショック後、同店の売り上げは3割近くダウンした。従業員に給料を払える売り上げを確保するために、カンフル剤を次々に投入していく。メニューの追加、割引クーポン券の発行、十数万円の広告も実施したが、効果は出ない。料理も経営も、足せば足すほど状況は悪くなっていった。

足し算の悪循環だ。

「いくら足しても、答えが見えない」「やめることも考えた」

売り上げ減少の理由は、リーマンショック後の不景気の影響だけではなかった。「単価が千円台の店が、景気だけで落ち込むことはない」。萩シェフは、本気で一つひとつの食材に向かい合っていなかったことに気付く。

「足し算の先には、答えはないことが分かった」「究極は、単体にある」

「これからは、素材や調味料を足し算するのではなく、素材単体で勝負しよう」と、1年以上かけて、ハンバーグ、オムライスなどの洋食メニューを引き算し、フレンチに特化した。食材にこだわり、世界レベルの良い素材を集めた。その結果、顧客数も徐々に回復し、その年の3月も、歓送迎会などで予約は埋まっていた。

東日本大震災が発生したのは、その時だ。

「カラー写真が、一瞬で白黒写真になった」

震災後、原発事故の影響などもあり、店には顧客が来なくなる。地元いわき産の野菜も使えなくなった。これから、どうしたらよいのか。

営業がストップし、時間は十分できた。萩シェフは、地元の農業を知ろうと農家を一軒一軒回った。無農薬・無化学肥料の自然農法に取り組む白石長利氏（ファーム白石代表、福島県いわき市）と出会ったのもその時である。

「自然のおいしさにあふれた、こんなにすばらしい野菜が地元にあったのか」

一流の素材を知り尽くした萩シェフにとっても、白石氏がつくる野菜は、感動的な味だった。

隣の芝生は青くない。自分の足元に「青い芝生」があったということだ。以降、白石氏は、農産物供給や加工品製造のパートナーとなる。

「背伸びをして、全国の有名市場から素材を集めるのではなく、地元の新鮮な素材を使い、他県からも食べに来てくれる、引力のあるレストランをつくろう」

野菜は、地元いわき産で行くことを決めた。全国の野菜をすべて知ることはできないが、いわき産の野菜を知り尽くす料理人になることは可能だ。そうすれば、誰にも真似はできないはず。

1日200人の店から、1日1組の店へ。1組の顧客に全力で向かい合い、「あなたのために」つくる料理を提供したい。

「母親がつくる料理がおいしいのは、家族のためにつくっているから。大量に不特定多数につくる料理は、味はあっても、〝味気ない〟ことに気づいた」

以前のような単価1500円、30人で2万円の売り上げではない。1組の顧客に徹底的に向かい合うことで、地方都市ながら、2万円の客単価が成立するスタイルをつくりあげた。

萩シェフがつくる調理も、究極の引き算だ。**食材の魅力を引き出すため、ソースや調味料の利用は、極限まで控える。**

一方、食材集めには徹底的に手間をかける。最高の素材を、地元の畑で農家とともに選び、収穫し、その日のうちに提供している。究極の味を生み出すことができるのは、選び抜いた食材を、シェフ独自のノウハウで絶妙に「掛け算」しているからだ。

地元の最高の素材が、生産者から直接、萩シェフのもとに集まる。生産者とのネットワーク力は、同店の「強み」だ。1日1組でディナーのみの営業のため、日中の時間帯は、生産者との連携強化に充てることができる。

今は、3カ月先まで予約が埋まる人気店だ。簡単には予約が取れないが、地元の顧客を大切にしたいと、7割は地元客をとるように努力をしている。

「引き算によって生まれたのは、絆です」

地域との絆、生産者との絆。現在は、白石氏ら福島の農家と連携して、生産者と料理人が直接結びつく新たな食ビジネスのモデルも開発中だ。萩シェフと白石氏らの活動は、東日本大震災の被災地の「農」と「食」を元気にしようと、しっかり前を見据えている。

[注]

1 「時の宿 すみれ」の女将、黄木綾子氏へのインタビューは2014年12月5日に実施した。
2 ロイヤルブルーティージャパン(株)代表取締役社長、吉本桂子氏へのインタビューは2015年5月26日に実施した。
3 Hagiフランス料理店オーナーシェフ、萩春朋氏のインタビューは2015年6月5日に実施した。

CHAPTER13

引き算の商品開発

「引く価値」を形にする

「完璧がついに達成されるのは、何も加えるものがなくなった時ではなく、何も削るものがなくなった時である」（サン・テグジュペリ）

商品の品ぞろえの引き算や、ターゲット顧客の引き算だけでなく、商品開発においても「引き算」が力を発揮する。

「引き算の商品開発」の考え方自体はシンプルだ。自分が取り扱う商品に関して、一般的な「機能」や「部品」を洗い出し、その中から「何か」を引き算して、「別の何か」に集中する。

ポイントになるのは、引き算をしたときに新しい価値が生み出されることである。もし、新しい価値が生まれなければ、それは「引き算」ではなく、単に「無駄を省いた」「余分なものを取り除いた」に過ぎない。

まずは、次の質問に答えてほしい。

Q　これは何だと思いますか？　メーカー名と商品名をお答えください。

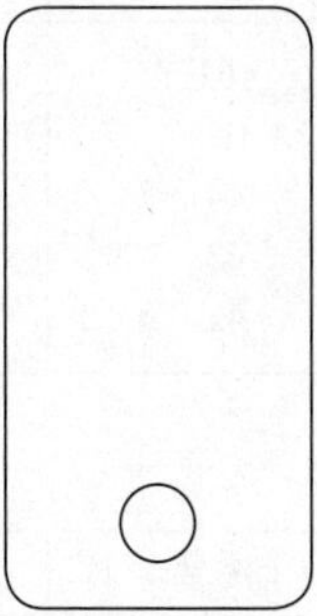

全国1000人の消費者に、「メーカー名」と「商品名」を自由に書いてもらった。

結果は、表13－1と表13－2に示したとおりである。

「角の丸い長方形」と「小さな円」の2つの図形の組み合わせを見るだけで、1000人中481人が「アップル」という特定のメーカー名をあげ、1000人中467人が「iPhone」という特定のブランド名をあげている。

これは驚くべきことだろう。

世の中に、たった1つの「丸」と「長方形」だけで表現できるブランドがいくつあるだ

表13-1 メーカー名は？

メーカー名	回答数	メーカー名	回答数
アップル	**481**	パナソニック	25
docomo	63	au	16
ソニー	44	KOKUYO	12
ソフトバンク	43	富士通	10
シャープ	42		

表13-2 商品名は？

商品名	回答数	商品名	回答数
iPhone	**467**	まな板	15
スマートフォン	224	Apple	9
携帯電話	81	iPad	7
iPod	18	湯沸かし器	4
リモコン	18		

ろうか。iPhone以外では、「日本の国旗」ぐらいしか思いつかない。

iPhone 現代を代表する「引き算商品」

iPhoneは、今を代表する「引き算商品」といってよいだろう。iPhoneが人の心を引きつけるのは、引き算から生まれた「シンプルなデザイン」や「使い勝手の良い機能」だ。

表13−3を見ると、iPhoneユーザーが、それ以外のスマートフォンの利用者と比較して、**機能面**

でもデザイン面でもシンプル志向が強いことは明らかである。

iPhone には「ホームボタン」と呼ばれるボタンがひとつしかない。ひとつだけのボタンは、アップルが追求するシンプルさの象徴だ。スティーブ・ジョブズは、iPhone のボタンをひとつにすることにこだわり、多くの案を却下して、最終版にたどり着いた（シーガル、2012年）。iPhone には「説明書」もない。**考え抜かれた商品には説明はいらないということなの**であろう。

とはいえ、シンプルに至るのは、簡単ではない。

iPhone のボディーの外側から見えるネジは、極小サイズのものがわずか2本とほとんど目立たない。だが、内部構造はまったく違う。

内部構造を日本メーカーの端末と比較した際のもっとも特徴的な違いは、使われているネジの多さだ。内部は、ネジの方向もバラバラだ。日本メーカーでは、生産効率の観点かられじ止めの方向の統一は常識。非効率だが妥協をしない（「日経デザイン」2012年6月号）。**シンプルの裏には、多大な努力が隠されている**のである。

iPhone ユーザーのブランドロイヤルティは高い（表13－4）。

表13-3 iPhoneユーザーはシンプル志向

機能のシンプルさを重視しますか？

	重視する	やや重視する	どちらともいえない	あまり重視しない	重視しない
iPhoneユーザー	28.5%	42.3%	24.4%	2.8%	2.0%
非iPhoneユーザー	15.6%	38.3%	32.6%	7.4%	6.0%

p<0.001

デザインのシンプルさを重視しますか？

	重視する	やや重視する	どちらともいえない	あまり重視しない	重視しない
iPhoneユーザー	25.6%	48.8%	22.0%	2.8%	0.8%
非iPhoneユーザー	16.0%	42.6%	30.5%	7.1%	3.9%

p<0.001

注）分析対象は全国消費者1000人調査の回答者のうちスマートフォンを利用している528人

「買い替えるとしたら、どのブランドが良いですか」を聞いたところ、iPhone ユーザーは、88・2％が「現在と同じブランドが良い」と回答している。一方、iPhone以外のスマートフォンを利用するユーザーでは、「現在と同じブランドが良い」と回答する人は59・9％にとどまる。

「今後とも、このブランドを利用し続けたいですか」を聞いたところ、iPhone ユーザーは、73・1％が「その通り」「ややその通り」と回答している。一方、iPhone以外を利用するユーザーでは、「その通り」「ややその通り」と回答する人は41・5％にとどまる。

「現在利用しているスマートフォンを人に

表13-4 iPhoneユーザーのブランドロイヤルティは高い

買い替えるとしたら、どのブランドが良いですか？

	現在と同じブランドが良い	現在と違うブランドが良い
iPhoneユーザー	88.2%	11.8%
非iPhoneユーザー	59.9%	40.1%

注）消費者1000人調査。分析対象は表13-3と同じ。$p<0.001$

今後とも、このブランドを利用し続けたいですか？

	その通り	やや その通り	どちらとも いえない	やや 違う	違う
iPhoneユーザー	33.3%	39.8%	24.8%	1.2%	0.8%
非iPhoneユーザー	11.0%	30.5%	49.6%	5.7%	3.2%

注）同上

現在利用しているスマートフォンを人に薦めたいですか？

	その通り	やや その通り	どちらとも いえない	やや 違う	違う
iPhoneユーザー	25.6%	41.5%	28.5%	2.8%	1.6%
非iPhoneユーザー	8.5%	27.7%	51.8%	5.7%	6.4%

注）同上

薦めたいですか」と聞いてみると、iPhone ユーザーは、67・1%が「その通り」「ややその通り」と回答している。一方、iPhone 以外を利用するユーザーでは、「その通り」「ややその通り」は36・2%と半数に満たない。

引き算で生まれる絆は強いということだ。

ウォークマン 20世紀を代表する「引き算商品」

iPhone が今を代表する「引き算商品」だとすると、20世紀を代表する「引き算商品」は何だろうか？

1979年発売のソニー「ウォークマン」かもしれない。**「引き算の商品開発」の伝説的な商品**といってよい。今でも写真を見ただけで、当時のワクワク感が鮮やかによみがえってくる。

当時のテープレコーダーは、まず録音ができてそれを聴く、というのが常識だった。ソニーでは、携帯テープレコーダーの小型化には成功したが録音することができずにいた。

スピーカーもなく、テープレコーダーの体をなさない。

「録音もできない、おもちゃみたいな製品なんて売れない」

ソニー社内では、国内営業も、海外営業も大反対した。それを、創業者で当時の名誉会長の井深大と会長の盛田昭夫が押し切る形で生まれたのが、定価3万3000円のヘッドフォンステレオ「ウォークマン」だ。

いざ販売してみると、不安の声に反して、ウォークマンは空前の世界的大ヒットとなる。1号機の発売後13年で累計1億台を突破した。

顧客が求めた価値は、「録音ができること」ではなかった。「外出中でも音楽を楽しむことができる」「いつでもどこでも好きな音楽を聴ける」という価値だったのである。

「機能」は引き算をしたが、これによって生み出されたのは「新たなライフスタイル」だ。引くことによって新たな価値を生み出すという「引き算の戦略」の神髄だ。

ひるがえって、今の我が国の家電製品はどうだろう。

「機能の足し算競争」や「ヒット商品の模倣」は盛んに繰り広げられているが、新しい価値を生み出す商品、ライフスタイルを提案する商品がどれだけあるだろうか。

機能・用途の「引き算」による市場創造

「商品の用途を限定してしまうと、顧客も限定されてしまう」

このように語る経営者がいるが、そうとも限らない。機能や用途を引き算したことによって、利用シーンが明確になり、マーケットが生まれた事例は意外に多い。

たとえば、「卵かけごはん専用醤油」「アイスクリーム専用スプーン」「文字しか打てない電子文具」「就活ペン」「ポテトチップ専用はし」「天ぷら専用の油」……。

用途や機能の引き算が、商品の「引力」を高めるのである。布団を紫外線で除菌してアレルギーの原因となるダニを吸い取る「レイコップ」もそうだ。

「当初は売れなかった。（略）。実は除菌用途をフロアや畳などにも広げていたが、面白いもので『ふとん専用ダニクリーナー』と絞ったとたん、一気にブレークした。消費者は毎日きれいな布団で心地よく寝たいと思っている。そこに絞り込み、集中的に商品の良さを伝えるマーケティングが見事にマッチした」（ジャパネットたかた社長高田明氏）（注1）

製品はそのままで、その用途を「フロア、畳、ふとん用ダニクリーナー」から、「ふとん専用ダニクリーナー」に**引き算したことで、売り上げが急増した**のである。

Q あなたは、どちらにこだわりを感じますか？

A フロア、畳、ふとん用ダニクリーナー
B ふとん専用ダニクリーナー

A 27・6％　B 72・4％

消費者1000人調査では、7割以上の回答者が、用途が絞られたBにこだわりを感じると答えている。たしかに、「フロア、畳、ふとん用ダニクリーナー」や「家庭用ダニクリーナー」「万能ダニクリーナー」では、こだわりが伝わりにくいし、イメージしにくい。

用途を「引き算」し、「ふとん専用ダニクリーナー」にすることによって、実際の利用シーンが頭に浮かびやすくなり、売り手のこだわりや買い手のメリットも明確になる。買い手の頭の中にイメージが浮かび、メリットが伝われば、選ばれやすくなるということだ。

ここまでの議論で、「引き算」は商品の「引力」を高めることが分かった。

次章では、「モノ」ではなく、「サービス」における引き算について検討していこう。モノと違い、目には見えないサービスにおいても、引き算は有効なのだろうか。

[注]

1　「日経ＭＪ」（２０１４年１月17日付）

CHAPTER14

サービス業の引き算

何をやらないか

現代の消費者の多くは、必要なモノは一通り持っている。

「リビングにはこれ以上モノを置くスペースがない」

「タンスには在庫があふれている」

スマートフォンも、テレビも、電子レンジも、車も持っている。欲しいモノを聞くと、「とくにない」という回答がもっとも多い時代だ。だが、物質的な欲求が少なくなってきたとはいえ、本質的な欲求はある。

「楽しい時間を過ごしたい」「快適に過ごしたい」「美しくなりたい」「おいしいものを食べたい」「リラックスしたい」「健康になりたい」「もっと学びたい」「体験したい」「交流し

たい」「つながりたい」「安心したい」……。

消費者の欲求は、次第にモノからコトにシフトし、経済に占めるサービス業の役割がますます高まってきている。

本書のテーマの「引き算」は、サービスの分野においても力を発揮する。ここでは、サービス業における「引き算の戦略」について見ていこう。

プロセスを分解し、引き算をする

モノと違う**サービスの特徴は、「結果」だけでなく、「プロセス」が重要**になるということである。

たとえば、医療サービスを考えてみよう。

病院で治療が終了し、病気が治ったとしても、治療のプロセスでいやな思いをしたら、満足することはできない。プロセスを適切に管理することが、サービス業の経営においては欠かせない。

プロセスを構成する要素の一部を引き算することによって、サービス業ならではの「引き算の戦略」が可能である。

サービス業の引き算も、手順そのものはシンプルである。まず、自社が提供しているサービスが、一般的にどのような要素から構成されているのか、どのようなプロセスで構成されているのかを「顧客目線」で考え、洗い出してみる。そして、その中から「何か」を選び、「別の何か」は引き算していく。

たとえば、病院であれば、サービスを構成する要素やプロセスには、次のようなものがある。

予約・受付・待ち時間・健康診断・予防医療・相談・検査・診断・治療・入院・食事・会計・訪問診療

この中から「何か」を選び、「別の何か」を引き算する。

こうして生まれてきたのが、たとえば、下記のようなビジネスだ。

- 予防医療に焦点をあてた「治療しない病院」
- 簡易健康診断に特化した「健康チェックビジネス」

- 最先端の画像診断に特化した「検査専門のクリニック」
- CT検査などの画像を解析する〝読影〟に特化した「画像診断サービス」
- 在宅医療を専門に手掛ける「ホームクリニック」

いずれにおいても、現実に好業績をあげる企業が存在している。

つづいて、医療以外のサービス業界でも、いくつか具体的な例を見てみよう。

引き算で、時短価値を創造「QBハウス」

1995年に「10分1000円のこだわり」というコンセプトで創業し、今や、国内外で年間来店者数1700万人（2014年）を超えるヘアカット専門店の最大手「QBハウス」。この企業は、サービス業の「引き算の戦略」の教科書的な好事例である。具体的に見てみよう。

一般的なヘアサロンのサービスを構成する要素は、次のようなものである。

一般的なヘアサロン：

カット	シャンプー	シェービング	カラーリング
○	○	○	○
パーマ	ブロー	ケアサービス	物販
○	○	○	○

QBハウスは、「ヘアカット専門店」というコンセプトを実現するため、一般のヘアサロンで行うシャンプーやブロー、シェービング等、顧客ができることは「引き算」をした。カラーリングも、パーマも、トリートメントなどのケアメニューも引き算し、「カット」に特化した。

QBハウス：

カット	シャンプー	シェービング	カラーリング
○	×	×	×
パーマ	ブロー	ケアサービス	物販
×	×	×	×

その結果、カットに要する時間は約10分、価格は1000円にて提供が可能になった（注1）。プロセスを構成する要素の**引き算によって、「時短」「低価格」という顧客価値を生み出した**のである。

QBハウスの引き算は、これだけではない。「10分1000円のこだわり」というコンセプトを磨くために、他にも引き算を行った。

たとえば、「水」の引き算だ。ひげそりや洗髪など水回り施設を必要とするサービスを行わない。カットした髪の毛は、「エアウォッシャー」（髪の毛を吸い取る掃除機）で吸い上げる。水、パーマ液、カラー液を使わないので、スタッフの手荒れも防げる。

「予約」や「店舗での電話応対」も引き算する。予約を受け付けないため、店舗での電話応対が不要になり、スタッフはカットに集中できる。

「レジ対応業務」も引き算だ。チケット販売機の導入で、レジ対応業務が不要になり、スタッフはカットに集中できる。カットに集中できるため、スタイリストのカット技術も磨かれる。

「お客様の隙間の時間を埋めるというのがビジネスモデルです」（北野泰男キュービー

ネット社長）（注2）

ビジネスモデルは極めてシンプル、明快で、ブレがない。シンプルの裏には、深化するITシステム、考え抜かれたマネジメントシステムが存在し、引き算の戦略を支えている。

海外戦略も本格化しており、香港、シンガポール、台湾にも店舗を拡大している。「引き算によって価値を生み出す」という日本的ともいえる仕組みは、今後ますます世界にも広がっていくだろう。

引き算をして、大切なことに集中「スーパーホテル」

「スーパーホテル」も、サービスを構成するプロセスの引き算によって、競争力を高めるとともに、顧客満足度を高めている好事例である。

一般的なホテルのサービスを構成する要素は、以下のようなものである。

一般的なホテル：

チェックイン	レストラン	バー	宴会	イベント
○	○	○	○	○
会議	宿泊	ショッピング	チェックアウト	
○	○	○	○	

スーパーホテルは、顧客ターゲットをビジネスマンとそのリピーターに絞り込む。**ターゲット顧客にとって必要なサービスは「足し算」し、不要なサービスは「引き算」する**ことを徹底した。

スーパーホテル：

チェックイン	レストラン	バー	宴会	イベント
○	×	×	×	×
会議	宿泊	ショッピング	チェックアウト	
×	○	×	×	

ホテルの**コンセプトは「ビジネスマンがぐっすり眠れる」と明快だ**。このコンセプトを強化する要素については、徹底的にこだわる。

快眠を促すために「少し暗めの照明」を採用し、「枕」は高さや硬さが違う7種類から選択できる。オリジナルのマットレスや掛布団にもこだわっている。

「快適な睡眠」に加え、ターゲットであるビジネスマンが要望する「疲れをいやしてくれる天然温泉」「素材にこだわるおいしい朝食」などのサービスを強化する。

一方で、「ぐっすり眠れる」というコンセプトとは無関係な要素、たとえば、「レストラン」や「宴会場」などは、**本来ホテルの収益源となるサービスであるが「引き算」している。極めてメリハリのある経営だ**。

チェックアウトの時間を「引き算」するために、「ノーキー・ノーチェックアウトシステム」を採用している。暗証番号キーを導入し、物理的な鍵そのものも「引き算」した。室内の電話機や部屋の冷蔵庫の中身も「引き算」しているため、チェックアウト時の精算は不要である。

スーパーホテルは、引き算によるメリハリのある経営で、ターゲット顧客にとって必要なサービスのレベルアップに集中している。このため、「顧客満足度」はとても高い。サービス業生産性協議会の「顧客満足度調査」（２０１４）では、ビジネスホテルの部門で第１位になっている（注３）。

「引き算の戦略」と「顧客満足度の向上」は両立するということだ。

［注］

１　２０１５年８月現在の価格は１０８０円（税込）

２　「日経ＭＪ」（２０１４年５月12日付）

３　サービス業生産性協議会「顧客満足度調査」
http://www.service-js.jp/uploads/fckeditor/uid000013_20140717194248Oe6f1ff1.pdf

CHAPTER15

「あたりまえ」を引き算する

業界の常識にとらわれていたら、なかなか引き算はできない。引き算の戦略で大切になるのは、「反常識」の発想だ。

「非常識」ではなく、「反常識」である。「非常識」という言葉には、常識知らずのニュアンスがあるが、「反常識」はそうではない。常識を知った上で、あえて常識の反対を行く。

常識に「?」マークをつけてみよう。

常識は、思い込みの産物かもしれない。常識の「反対側」には、新しい市場があるかもしれない。「あたりまえ」だと一般的に思われていることが、引き算できるかもしれない。

本章では、常識にとらわれず「反常識」の発想で、「何か」を引き算して、顧客の支持を受けている事例を見てみよう。

看板を引き算した居酒屋「岡むら浪漫」

Q あなたは、どちらにこだわりを感じますか？

A 看板のある居酒屋　B 看板のない居酒屋

消費者1000人調査の結果は、以下のとおりだ。

A 27・0%　B 73・0%

「看板を出さない。宣伝をしない。入口が分からない」

藤枝市の有限会社 岡むら浪漫（代表岡村佳明氏）が展開する居酒屋は、「看板のない居酒屋」として有名である。どの店舗も顧客のあつい支持を受けている。いまや、**看板のないことが、「看板」になっている。**現在、静岡県内に6店舗を展開している。

岡むら浪漫の居酒屋は、外から見ただけでは、ほとんどの人が居酒屋だとは思わないだろう。岡村氏は、広告宣伝を完全に引き算する、100%口コミのお店をつくりあげた。

岡村氏は言う、「顧客を集めるのではなく、顧客が集まる店」。

まさに「引力」のある居酒屋である。

広告宣伝は、顧客を「集める」手段であるが、口コミは顧客が「集まる」手段だ。岡むら浪漫には、「顧客を増やそう」という発想はない。あるのは、「顧客を引きつけたい」という想いである。

「看板のある居酒屋」と「看板のない居酒屋」。どちらが、誰かに話したくなるだろうか？

「口コミ発生力」の強化という視点から見ると、看板をなくすことは極めて理にかなっているかもしれない。

もちろん、単に看板を引き算するだけで、「引力」が生まれるということはありえない。なぜ、岡村氏は100％口コミで、顧客を引きつける居酒屋をつくることができたのか(注1)。

第一に、既存顧客の徹底的な重視である。顧客が「どうしたら喜んでくれるのか」「どうしたら楽しんでくれるのか」に知恵を絞り、考え抜いている。

とくに注目すべきは、顧客の入店時でなく、顧客の「引き際」つまり退店時の気持ちを大切にしていることだ。「どうしたら来てもらえるか」ではなく、「どうしたら喜んで帰ってもらえるか」「いかに気持ちよく帰ってもらうか」を本気で追求している。

第二は、「モノのおかず」だけでなく、「コトのおかず」で人を引きつけていることだ。「おいしいことは当たり前」。雰囲気、心のこもった接客、サービスなど、マニュアル化が難しい「コト」で違いを出し、顧客の支持を得ている。

第三に、岡村氏は、「居酒屋づくりは人づくり」と、「人づくり」に力を入れる。当店のスタッフの大部分は、「集めた」のではなく、岡村氏の経営コンセプトに共感し「集まった」スタッフだ。スタッフの魅力は、当店が顧客を引きつける大きな魅力になっている。

岡むら浪漫が展開する「看板のない居酒屋」は、間違いなく、「誰かに話したくなる居酒屋」「誰かを連れていきたくなる居酒屋」である。

「良酒には看板は要らない」（イギリスの古い諺）

「減築」による価値創造「ウェルシーズン浜名湖」

静岡県の浜名湖沿岸に広がる舘山寺温泉。ここに、顧客からあつい支持を受けるホテル

「ウェルシーズン浜名湖」がある（注2）。客室稼働率は約80%に達し、個人客のリピート比率は37%にのぼる。宿泊客のクチコミ評価も極めて高く、「泊まって良かったホテル」として大手旅行ポータルサイトから表彰も受けている。

このホテルが立地する舘山寺の温泉街全体で見ると、団体客の減少などから、宿泊者数は減少を続け、今はピーク時の6割まで落ち込んでいる（図15－1）。地域の宿泊施設の廃業・倒産も相次ぎ、今は最盛期のほぼ半数だ。

ホテル　ウェルシーズン浜名湖

それにもかかわらず、ウェルシーズン浜名湖が好調を維持しているのはなぜだろうか？

その要因として、2009年のリニューアル時に行った**「2つの引き算」**をあげることができる。

第一の引き算は、部屋数・床面積の「減築」だ。13階建てのタワー棟の4階から13階を解体し、延床面積を3万6000平方メートルから2万4500平方メートルへ縮小、部屋数を175室から122室に減少させた。そう、自らが小さくなったのである。減築の狙いは、耐震強度の強化と**ホテルのコンセプト変更**である。

図15-1　館山寺温泉全体の宿泊客数の推移

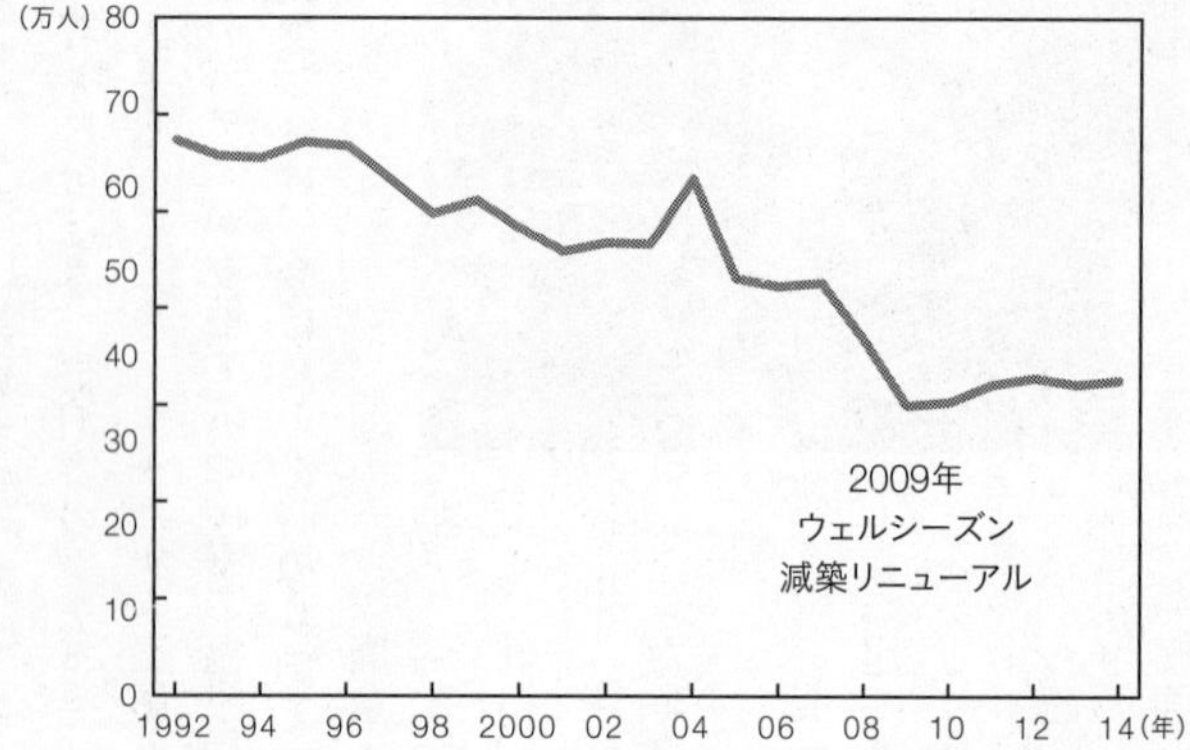

出所）かんざんじ温泉観光協会

「マスに頼らず、個にこだわる」。減築にあわせて、規模を追求する「団体旅行向け大型ホテル」から、滞在の質を追求する「個人顧客主体の湖畔の温泉リゾート」に生まれ変わった。

第二の引き算は、マーケットエリアの「絞り込み」である。ウェルシーズン浜名湖は、もともと「遠鉄ホテルエンパイア」として1967年に開業した。県外に営業拠点を設け、全国から団体旅行客を中心に集客していたが、リニューアルを機にメインマーケットを静岡県西部と愛知県に絞り込み、主なターゲットも個人客に変更した。ピーク時に7割程度あった団体比率は、減築後は2割程度と大幅に下がっている。

「引き算」が、当ホテルにどのような効果をもたらしたのだろうか。

「減築」による規模縮小で総売上は減ったものの、客室の平均稼働率は70％から79・5％に上昇、経費は金額ベースで半減している。

加えて、**ターゲット地域を絞り、団体客から個人客にフォーカスしたことで、全国規模の熾烈な価格競争に巻き込まれにくくなった。**その結果、客単価が1割アップ、営業利益は1割増加した。規模を縮小しコンセプトとターゲットを明確化したことで、顧客満足度が向上、リピート比率も高まった。

減築の効果はそれだけではない。

「減築により規模縮小で少数精鋭になったことで、従業員のモチベーションが上がり、チームワークも高まった」（森下総支配人）。従業員の高い意識、心地よいおもてなしが、高い顧客満足度につながっている。

建物の引き算（減築）×ターゲットの引き算＝引力増加という関係だ。

ウェルシーズン浜名湖の挑戦は、**人口やマーケットが縮小する状況下でも、効果的な**

「引き算」によって、企業の活力を維持・強化できるとともに、顧客満足度も向上できることを教えてくれる。

かつて、人口が右肩上がりで増加していた時代は、**「増築＝足し算」**によって価値を生み出すことができたかもしれない。だが、人口減少時代においては、発想の転換が必要だ。

「減築＝引き算」によって規模を縮小し、新たな魅力を創造したウェルシーズン浜名湖の試みから我々が学ぶことは多い。

規模を縮小し、強くなる美容室「ル・レリンク（Le RelinQue）」

これまで、理美容店や飲食店などのサービス業においては、売り上げを増やし成長するためには、座席数や収容人数など、キャパシティを増やすことが常識だった。「足し算」による成長だ。

だが、これからの**人口減少時代における成長は、「引き算」がキーワードになる**かもしれない。

「小さくして、成長する」ことがあり得るということだ。

このことを教えてくれるのが、美容室「ル・レリンク（Le RelinQue）」（金輪将史代表）である（注3）。

ル・レリンクは、奈良県の地方都市（生駒市小瀬町）に立地する。創業は2003年、従業者は3名、主要顧客層は40代〜60代の女性である。

日本の美容院の数は、信号機の数よりも多いと言われる。競争も厳しい業界だ。そのような環境下で、「ル・レリンク」は、2013年4月のリニューアルオープン以降、順調に売り上げを伸ばしている。

このときのリニューアルが、究極の引き算である。

「店の規模を半分にする」というものだ。

当初、この計画を聞いた同業者からは先行きを心配する声が聞かれ、親や従業員からも不安の声があがった。

「席を減らせば、売り上げも減ってしまう」

「ここは東京ではないのだから」

だが、金輪氏は、将来を見据え、勇気をもって**コンパクトに質を高める**ことを選択した。「ル・レリンク」のリニューアル時の引き算は、以下のとおりだ。

- 売り場面積　30坪　↓　15坪
- セット面　6席　↓　3席

リニューアル前後で従業者数に変化はない。床面積を半分にすることによって、家賃は半分になった。リニューアル時に、セット面を半個室化し、プライバシーに配慮するとともに、席を動かず施術ができるように、すべての席に可動式のシャンプー台を設置した。

リニューアルによって、顧客数や売り上げはどのように変化したのか。経営指標を見てみよう。

- 売り上げ　約30％増加
- カルテ数　17人減少
- 総客数（1年間）延べ308人増加

席数が半分になったにもかかわらず、売り上げは3割も伸びている。カルテ数は17人減少したにもかかわらず、総客数は延べ308人増加している点も注目だ。

なぜ、規模が半分になったにもかかわらず、売り上げや総客数が伸びたのだろうか。

第一は、規模の縮小による「サービス質の向上」である。半個室にしたことによって、顧客がシャンプー台などに何度も移動する必要もなくなり、同一スタッフが一貫して施術することが可能になった。

「顧客との距離が近くなった」

1カ所ですべての施術ができるようになったので、顧客からは「**ゆっくりできるようになった**」と評価が高い。同時に、席の移動や施術中のスタッフの交代などの無駄がなくなった結果、施術時間は1人当たり30分も短縮している。

施術時間が短くなり、オペレーションが効率化したにもかかわらず、顧客は時間の余裕を感じているということだ。**「効率化」と「顧客満足度の向上」が両立することは、引き**

算ならではの効果だろう。

第二は、顧客単価の向上だ。席を引き算することによって、一人一人の顧客の髪の悩みに深く向き合えるようになった。その結果、ヘッドスパ、トリートメントなどのケアメニューの利用が増え、顧客単価は約９０００円から約1万円に１０００円アップした。年間10万円以上を使う超優良顧客の比率も10％を超えている。

第三は、顧客の来店頻度の増加である。年間の来店回数は、３・５回から４・２回に増加した。リニューアル以前は、次回の予約を行う客はほとんどいなかったが、座席数を「引き算」したため次回予約が定着した。現在は7割の顧客が次回の予約を入れている。半年先まで予約を入れる客もいる。

	引き算前		引き算後
●客単価	約９０００円	↓	約１万円
●年間来店（回）	３・５回	↓	４・２回
●優良客（年間10万円以上）の比率	６・９％	↓	11・６％

第四は、**従業員満足度の向上**である。リニューアル以前は、席を埋めようと無理をして顧客を受け入れたこともあったが、そのようなこともなくなり、スタッフの労働環境は向上した。

予約客が大部分なので、スケジュールが固まりやすくなり、スタッフも早く帰宅できるようになった。引き算によって、顧客満足度だけでなく、スタッフの満足度も高まった。

美容室　ル・レリンク

美容室ル・レリンクは、高い専門性があり顧客ニーズを受け止める力があれば、規模の引き算によって、「売り上げの増加」と「経営の効率化」を同時に達成し、「顧客満足度」と「従業員満足度」をともに向上させることができることを教えてくれる。

「規模の引き算で、強くなる」という発想は、**人口減少時代の**

地方都市におけるサービス業経営に示唆を与えてくれるはずだ。

[注]

1　藤枝市役所「シダビズ」交流会（2013年8月2日）での岡村佳明氏の対談より。

2　「ホテルウェルシーズン浜名湖」の総支配人、森下忠康氏へのインタビューは2015年4月28日に実施した。

3　「ル・レリンク」の金輪将史代表へのインタビューは2015年5月29日に実施した。

CHAPTER16

引き算が、地域を元気にする

「地方創生」「地方が成長する活力を取り戻し、人口減少を克服する」

我が国において、今ほど地域の活性化が叫ばれている時代はないかもしれない。日本が元気になるためには、一つひとつの地域が強くなり、自立する必要がある。

ここまで検討してきた「引き算の戦略」は、企業や組織のみならず、「地域」においても有効である。というより、**「地域」にこそ、引き算の発想が求められている**かもしれない。

「魅力がいろいろあります」
「豊富な地域資源があります」
「見どころがたくさんあります」

これまで、少しでも多くの地域資源を発信することで人を引きつけようと、足し算的な発想にとらわれてきた地域がいかに多かったか。

桜で有名な地域、ラベンダーで有名な地域、ひまわりで有名な地域、チューリップで有名な地域は聞いても、**「総花」や「百花」、すなわち「いろいろな花」で有名な地域は聞かない。**

地域の「引力」は、「足し算」ではなく、「引き算」で高まるはずだ。引き算が、地域の魅力を引き出し、人を引きつけてくれるのである。

以下、地域における「引き算戦略」を具体的に見ていこう。

「Aの聖地」はあっても、「AとBの聖地」はない

「テニスの聖地」といえば……、ウインブルドン。
「ゴルフの聖地」といえば……、セント・アンドリュース。

両地域ともに小さな地域であるが、テニスやゴルフに少しでも関心があれば、知らない人はいないだろう。

もしもウインブルドンが、「テニス」以外のスポーツの聖地にもなろうとしたらどうだろうか。

たとえば、「〝テニス〟と〝卓球〟の聖地ウインブルドン」。

おそらく、**「テニス」と「卓球」の二兎を追ったとたん、テニスの聖地としての価値は低下する**はずだ。地域の魅力を高めるためには、二兎、三兎を追う「足し算」ではなく、一兎を追う「引き算」が必要なのである。


ところが実際の我が国の地域は、どうだろうか？ その多くが二兎以上を追っているように見える。次のような感じだ。


「この地域にはA、Bもあれば、C、D、Eもあります」

「この地域にはA、Bをはじめ、C、D、Eなど多様な資源があります」

「当地域の製品は、A、Bをはじめ、C、D、Eなどのさまざまな分野に及んでいます」


「足し算」の発想で、魅力を高めようと考える地域が圧倒的に多い。ためしに、いくつかの地方自治体のウェブサイトにある観光情報を見てほしい。地域の魅力を羅列し、「たくさんあります」「いろいろあります」「あれもこれもあります」といった意味のメッセージを発信している地域がいかに多いか分かるはずだ。

「自然と歴史の街」は人を引きつけない？

「自然」と「歴史」の○○（地名）
「歴史」と「文化」の○○（地名）

日本中に、このようなキャッチフレーズをかかげる地域がいかに多いことか。「自然と歴史の」という言葉でグーグル検索してみると、100万件以上の結果が表示される。「歴史と自然の」で検索しても100万件以上だ。「歴史と文化の」114万件、「文化と歴史の」では、出力結果は何と2140万件である。

この種のキャッチフレーズには、問題点が3つある。

第一は、「自然」と「歴史」などの**二兎を追っている点**だ。足し算をすればするほど、地域のイメージがどんどん希釈化されてしまう。足し算による個性の希釈化は、繰り返し述べてきたとおりである。

第二は、「どの地域にも、自然もあれば、歴史もあるし、文化もある」ということだ。

○○（地名）には、どのような地名もあてはまってしまう。

このような独自性のないフレーズで、顧客の心を動かすのは困難だ。**どの地域にもあてはまるコンセプトでは、地域の引力は高まらない。**

それどころか、「他地域と同じ」「選ぶ理由がない」という連想を生み出すため、逆に地域の引力を弱めてしまう懸念もある。**地名を隠しても、その地域であることが分かるようなキャッチフレーズが理想**だ。

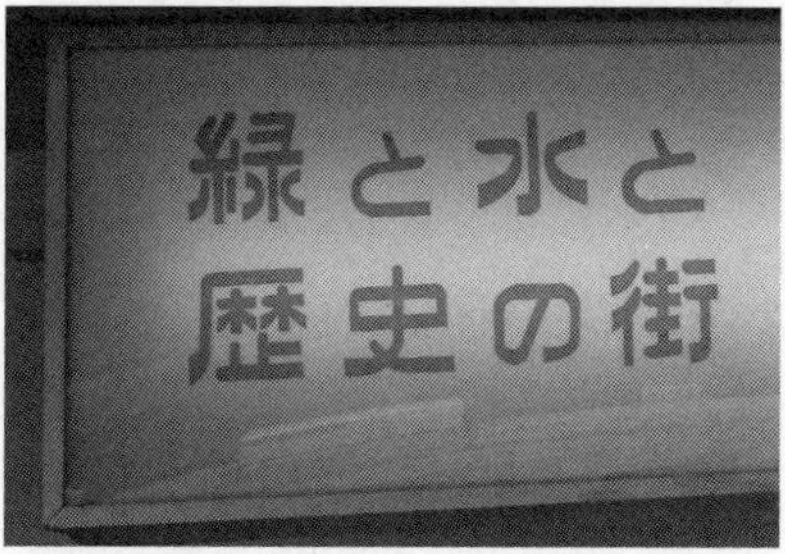

地方都市にありがちな看板

第三は、「歴史」「自然」という**言葉が漠然としている**ことだ。「歴史」「自然」も幅広く包括的な概念をあらわす言葉だ。「足し算ワード」といってもよい。

表16－1、2、3を見てほしい。
人々が「自然」と聞いて思い浮かべる地域は「**北海道**」である。「歴史」「文化」と聞けば「**京都**」をイメージする。その他の地域に勝ち目はないだろう。

他の地域が人々を引きつけるためには、「自然」や

表16-1 「自然」と聞いて思い浮かべる都道府県は?

北海道	**53.1%**
長野県	11.4%
沖縄県	6.5%
青森県	1.3%
秋田県	1.3%

注)上位5地域を表示、消費者1000人調査

表16-2 「歴史」と聞いて思い浮かべる都道府県は?

京都府	**68.7%**
奈良県	10.7%
沖縄県	2.3%
東京都	1.7%
鹿児島	1.6%

注)上位5地域を表示、消費者1000人調査

表16-3 「文化」と聞いて思い浮かべる都道府県は?

京都府	**66.9%**
東京都	15.7%
奈良県	3.8%
神奈川県	1.4%
大阪府	1.4%

注)上位5地域を表示、消費者1000人調査

「歴史」といった汎用的な言葉ではなく、絞り込まれた言葉を利用したほうがよい。たとえば、「歴史」ではなく、「○○寺」や「○○城」ぐらいまで絞る必要がある。「自然」も同様だ。漠然と「自然」ではなく、「○○山」や「○○湖」ぐらいまで引き算をしないと「引力」が生まれないだろう。

静岡は「何の都」か？

筆者が住んでいる静岡県には、「日本一の高さ」の富士山もあれば、「日本一の深さ」の駿河湾もある。静岡県は、一級で多様な資源の宝庫である。肉も、魚も、野菜も、米も、茶も高品質な産品が多い。食はおいしいし、気候も温暖でとても住みやすい。魅力的な地域だ。

静岡県にはたくさんの日本一がある（注1）。

静岡県は、茶園面積の40%、荒茶産出額の35%を占める日本一の茶どころである。緑茶類の年間支出金額、購入数量も日本一である。そう、「**茶の都**」だ。

静岡県の花き生産は大変盛んで、なかでもガーベラは作付面積、出荷量、産出額ともに日本一である。切り枝出荷量・作付面積も日本一である。そう、**「花の都」**でもある。静岡県の食資源は大変豊富であり、農林産物、水産物、加工食品、食に関する消費などの分野で「66」もの日本一がある。そう考えると、**「食の都」**といってもよい。

静岡県には、日本一がまだまだある。

静岡県の水資源は大変豊かで、河口幅日本一の富士川、湧水量日本一の柿田川、一級河川の水質日本一の安倍川、汽水湖としては日本一の周囲長の浜名湖などがある。だとすると、**「水の都」**だ。

静岡県の森林資源はとても豊かで、県土の64％は森林。富士山麓や南アルプスには魅力ある個性豊かな森林が広がっており、**「森林の都」**といっても過言でないかもしれない。

静岡県の日照時間を見ると、御前崎市が全国1位、浜松市が全国3位など、静岡県内の観測地点が上位にランクインしてしている。そう、**「太陽の都」**だ。

もしも、静岡県が有する豊富な魅力を、すべて並列的に伝えようとすると、どうなるだろうか。

Q A、Bのどちらに魅力を感じますか？

A 「茶の都」静岡県
B 「茶の都、食の都、花の都、森林の都、水の都、太陽の都」静岡県

消費者1000人調査の結果は以下のとおりである。

A 71・5% B 28・5%

7割以上の人が、「茶の都」静岡県のほうにより魅力を感じると回答している。たくさんの魅力を並列的に伝えたとすると、逆に、地域の引力は低下するということである。「茶の都」と聞くと、茶畑や茶摘みのイメージを描くことができるが、「茶の都、食の都、花の都、森林の都、水の都、太陽の都」と聞いても、頭にイメージが描けない。

もちろん、地域に多様な資源があることは、とても素晴らしいことだ。ただ、はじめから、並列的に「いろいろあります」と足し算的な伝達をすると、イメージが希釈化されてしまい、選ばれにくくなってしまう。豊かな資源がある地域ほど、長所をあれもこれもと説明したくなるものだ。要注意である。

地域の引力を高めるためには、まずは**何かを選択し、それを強調する**ことが効果的であ

茶の都「静岡」

る。その次の段階で、実はこのような資源もありますと伝えていくのである。

表16－4と表16－5を見てほしい。

全国の人々は「緑茶」と聞けば「静岡県」を思い浮かべ、「静岡県」と聞けば「お茶」を思い浮かべる。**間違いなく静岡県は、「茶の都」**である。

豊富な魅力を有する地域が人を引きつけるためのポイントは、**足し算ではなく、「掛け算」**だろう。

たとえば、「茶の都＋食の都＋花の都＋水の都……」といった足し算ではなく、

「茶の都」×「食の魅力」＝緑茶と「和食」のハーモニー
「茶の都」×「花の魅力」＝緑茶と「花」で癒される
「茶の都」×「水の魅力」＝緑茶に合う美味しい「水」

といった「掛け算」だ。

表16-4「緑茶」と聞いて思い浮かべる地域は?

静岡県	**81.3%**
京都府	9.5%
鹿児島県	2.4%
福岡県	1.6%
埼玉県	1.3%

注)上位5地域を表示、消費者1000人調査

表16-5「静岡」と聞いて思い浮かべるイメージは?

順位	キーワード	出現頻度	順位	キーワード	出現頻度
1	お茶	572	6	サッカー	26
2	富士山	94	7	美味しい	25
3	無い	62	8	うなぎ	22
4	温暖	49	9	みかん	22
5	茶畑	27	10	気候	22

出所)岩崎研究室調査。2012年3月、全国の20〜69歳の男女1000人

表16-6「食」と聞いて思い浮かべる都道府県は?

北海道	**44.1%**
大阪府	23.9%
東京都	7.2%
福岡県	3.9%
京都府	2.6%

注)上位5地域を表示、消費者1000人調査

何かを「核」にして、別の何かを掛け算することによって、地域の魅力に相乗効果が生まれ、さらに「引力」が強くなるはずだ。「掛け算の戦略」については次章でとりあげることにしよう。

香川は「何県」か？

あなたは「食」と聞いて、どの都道府県を思い浮かべるだろうか？

全国消費者1000人調査の結果は、表16－6のとおりだ。

半数近くの回答者（44・1％）は、「北海道」をあげる。

全国各地で、「食」を売りにしようという地域は多いが、「食」という包括的なカテゴリーでは、「北海道」にはかなわない。とくに、小さな地域が「食」という大きな括りで地域を活性化しようとしても勝ち目はないだろう。

では、どうすべきだろうか？

キーワードは「引き算」である。

ここで質問。

表16-7 「うどん」と聞いて思い浮かべる都道府県は?

香川県	**87.4%**
徳島県	1.7%
大阪府	1.3%
愛媛県	1.2%
高知県	1.1%

注)上位5地域を表示、消費者1000人調査

Q「うどん」と聞いて思い浮かべる都道府県は?

1000人中なんと874人(87・4%)が「香川県」を思い浮かべる。圧倒的なイメージのシェアだ(第2位はわずか1・7%である)。

「うどん」も「食」であるが、**「食」と聞いたときに「香川県」を思い浮かべた人は、1000人中わずか3人**しかいない(全国消費者1000人調査)。ところが、引き算をして、「うどん」に絞ると香川県が断然トップである。

香川県のPRプロジェクト「**うどん県。それだけじゃない香川県**」は、地域における「引き算の戦略」の好事例である。香川県は、日本でもっとも小さな県だが、引き算によって「引力」を高めることに見事に成功している。

図16-1　一番になれるカテゴリーを見つける

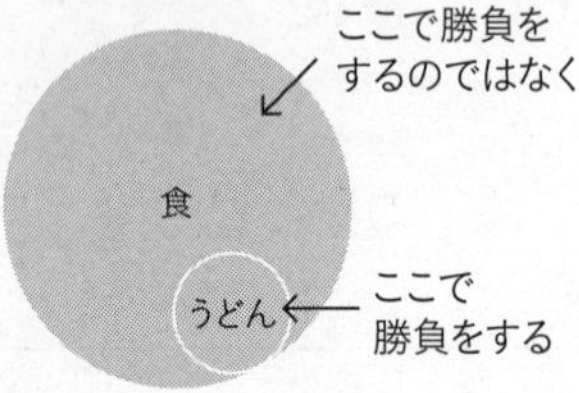

うどん県それだけじゃない香川県

香川県PRプロジェクト

「食」という包括的なカテゴリーでは、香川県のイメージシェアは、ほぼゼロ（0・3％）であったが、「うどん」というカテゴリーに絞れば、87・4％もの圧倒的なシェアを占めることができる。

引き算によって、日本一面積が小さい香川県が、日本一面積が大きい北海道に勝つことができるということだ。

もちろん香川県の魅力は、「うどん」だけでない。「そーめん」「オリーブ」など食の資源も豊富にあるし、「お城」「お寺」「動物園」「水族館」「瀬戸大橋」「アート」など観光資源もある。日本一小さな県だが、魅力的な地域資源が豊富にある。

しかし、「うどんとそーめんの県」とPRしていたらどうだったか？

おそらく、うまくいかなかっただろう。

他の資源を**引き算して、「うどん県＝香川県」まで絞り込んだ**からこそ成功したのである。

「食」の県（北海道に勝てない）
←
「うどん」と「そーめん」の県（イメージがあいまい）
←
「うどん県」（引力が生まれる）

日本の各地域には、それぞれ多様な魅力があり、地域資源がたくさんある。だからといって、最初から「たくさんの魅力があります」「豊富な地域資源があります」では、地域の引力が生まれない。

地域が引力を高めるためには、まずは「何か」に絞ることが大切である。「こんなにたくさん資源があります」と伝えるのは、その後の段階だ。

香川県の例でいうと、「うどん県」の後に続く、「**それだけじゃない香川県**」がポイントだ。まずは「うどん」で引きつけ、その後で、「それだけじゃない」と**2段階訴求**をしている。

多くの地域は、**悪しき平等主義で、最初から「それだけじゃない」「いろいろあります」と言ってしまう**。だから、うまくいかない。

ちなみに、香川県は過去に、『「高松県」なんて言わないで』というコピーを採用したことがあった。これは、うまくいかなかった。「高松県」と聞いたときに、頭に何かしらの画像が浮かぶだろうか？ イメージが浮かばなければ選ばれることはない。「うどん県」と聞けば、頭の中にイメージが描けるのである。

「うどん県」↓イメージが浮かぶ↓選ばれる
「高松県」↓イメージが浮かばない↓選ばれない

まずは「うどん」で人々を引きつける香川県の「引き算の戦略」は、コシが強く、太く長い活動になるはずだ。

［注］
1　静岡県の日本一　My しずおか日本一　https://www.pref.shizuoka.jp/j-no1/　2015年5月5日アクセス

CHAPTER17

引き算して、掛け算する

モノで絞り、コトで広げる

ここまで「引き算の戦略」について検討してきた。「引き算」の次は何か。

それは「掛け算」だ。

「引き算」によって磨かれた企業は、「掛け算」によってさらに輝きが増す。「引いて、掛ける戦略」によって、商品、企業、地域などの「引力」はより高まるのである。

本章は、「掛け算の戦略」について具体的に見ていくことにしよう。

「足し算」と「掛け算」との違いは何か？

「引き算の戦略」と、もっとも相性が良いのが「掛け算の戦略」であり、もっとも相性が悪いのは「足し算の戦略」だ。「足し算の戦略」と「掛け算の戦略」の違いを確認することによって、「掛け算の戦略」とはどのような戦略なのかが見えてくるはずだ。

ここで質問を2つ。

Q こだわりの緑茶を扱う店が2店あります。どちらで緑茶を買いたいですか?

A店　こだわりの緑茶、紅茶、コーヒー、ジュース、スポーツドリンクを提供する店

B店　こだわりの緑茶、和菓子、緑茶スイーツ、おしゃれな茶器、緑茶カフェを提供する店

消費者1000人調査の結果は、以下のとおりだ。

A店　18・0%　B店　82・0%

Q ワインを扱う店が2店あります。どちらでワインを買いたいですか？

> A店　ワインとビールと焼酎を提供する店
> B店　ワインとチーズとパスタソースを提供する店

こちらの結果は、以下のとおりである。

A店　25・4%　B店　74・6%

圧倒的に多くの回答者が、B店で緑茶を買いたい、B店でワインを買いたいと答える。

A店とB店の違いは何だろうか？

いずれの質問も、A店の品ぞろえは、「飲みもの」という、**モノつながりの発想**だ。一方、B店の品ぞろえは「緑茶のある生活シーン」「ワインのある食卓」という**コトつながりの発想**である。

A店が「足し算の戦略」、B店が「掛け算の戦略」になる。

「足し算の戦略」は、樹木にたとえるなら、新しい木を次々に植えて、幹を増やしていこうという発想だ。

図17-1 「足し算の戦略」と「掛け算の戦略」の比較

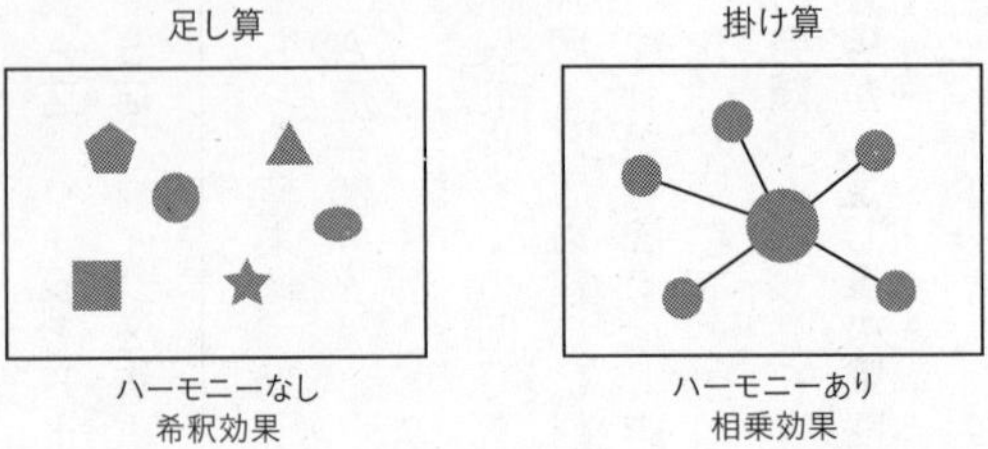

「全体は部分の〝総和〟である」と考え、付け加えることで価値を生み出そうとする。「量」と「広さ」を重視する。「モノ」（商品）を中心に発想するので、足せば足すほど「複雑化」して、個性が希釈化する傾向がある。

「Aが売れないから、Bも売ってみよう」というのは、典型的な足し算の発想である。

一方、「**掛け算の戦略**」は、一本の強くしなやかな幹に、枝を広げ、花を咲かせていくイメージになる。

「全体は部分の〝調和〟である」と考え、商品間の相乗効果を重視し、「質」と「深さ」を追求する。「コト」（利用シーンなど）を中心に発想するので、全体に**ハーモニーが生まれ、増やしてもシンプルさが保たれる**。

掛け算の戦略は、音楽に似ているかもしれない。一つひとつの商品が共鳴し、美しいオーケストレーションが達成されているのが掛け算のイメージだ。

「**Aの価値を上げるために、Bも売ってみよう**」というの

図17-2 モノで絞り、コトで広げる

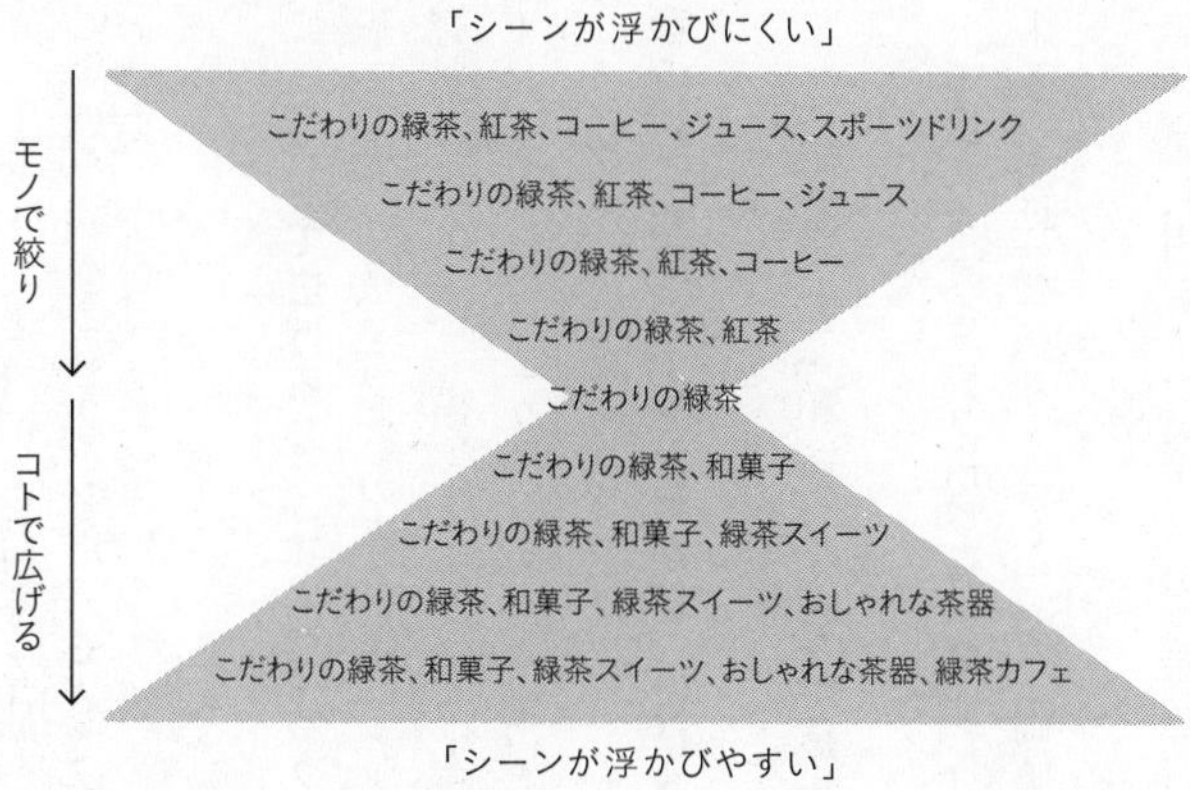

が、掛け算の発想である。

足し算の戦略：たくさんの木を植えよう。
掛け算の戦略：1本の木に、枝を茂らせて、
たくさんの花を咲かせよう。

モノで絞り、コトで広げる

「引き算の戦略」から「掛け算の戦略」に至るプロセスを一言で表現すると、**モノで絞り、コトで広げる**ということになる。

まず、「**モノで絞る**」について見てみよう。

既述の「こだわりの緑茶、紅茶、コーヒー、ジュース、スポーツドリンクを提供する店」であれば、「紅茶、コーヒー、ジュース、スポーツドリンク」を引き算し、「こだわりの緑茶」に集中するというイメージになる。

「ワインとビールと焼酎を提供する店」であれば、「ビール、焼酎」を引き算し、「ワイン」に焦点を絞るということだ。**モノで絞ることによって、個性が際立ち、選ばれやすくなる。**

次に、「**コトで広げる**」とは、何だろうか。

「緑茶」であれば、「緑茶のある生活シーン」を思い浮かべ、そのシーンに調和するように、「緑茶、和菓子、茶器……」と商品を広げることである。

「ワイン」であれば「ワインのある食卓」をイメージし、そのシーンに調和するように、「ワイン、チーズ、オリーブオイル……」と商品を広げる。**コトで広げることによって、消費者の頭に利用シーンが浮かび、選ばれやすくなる**（図17－2）。

「緑茶」と「和菓子」を一緒に売る：「利用シーン」ベースの掛け算

「コトで広げる」という掛け算の戦略には、2つの方向性がある。ひとつが、「利用シーンベースの掛け算」。もうひとつが「価値ベースの掛け算」である。

まずは、「利用シーンベースの掛け算」から見てみよう。

「利用シーンベースの掛け算」の手順はシンプルだ。まず、「核商品」の利用シーンや「核商品」のある生活スタイルを頭に描く。そして、そのときに、どのような商品があれば「核商品」の価値がより高まるのかを、自由な発想で想像する。

260ページで示した、こだわりの緑茶を核商品として和菓子を取り扱うB店や、ワインを核商品としてチーズを扱うB店の例は、「利用シーンベースの掛け算」である。

ここでは、「利用シーンベースの掛け算」に、どのような効果があるのか、実験結果を紹介しよう。

全国1000人の消費者に「湯飲みに入った緑茶」の写真を示し、この緑茶を茶カフェで飲むとすると、1杯何円まで支払っていいのかを聞いた。

Q この緑茶を茶カフェで飲むとすると、

1杯［　　　］円まで支払っていい。

1000人が見た緑茶の写真はまったく同じだ（写真17－1）。

写真17-1　緑茶1杯にいくら支払えますか？

Aグループ　500人

Bグループ　500人

違うのは、Aグループの500人は緑茶の写真の隣に「しいたけ」の写真が表示され、Bグループの500人には「和菓子」の写真が緑茶の隣に表示されていることだけだ（A、Bのグループはランダムに振り分けた）。

実験の結果はどうだったか。

Aパターンでは、緑茶1杯の平均価格は「274円」。一方、Bパターンでは「330円」である。そう、隣に何があるかで、支払許容価格に何と2割もの違いが生まれるのである。

Aグループ（隣にしいたけ） 緑茶1杯 274円
Bグループ（隣に和菓子） 緑茶1杯 330円 $p<0.001$

Aグループの「緑茶」と「しいたけ」は、**乾物という「モノ」つながりの品ぞろえである**。Bパターンの緑茶と和菓子は、**緑茶のあるくつろぎの時間という「コト」つながり**である。

緑茶＋しいたけ ＝ 乾物つながり
緑茶×和菓子 ＝ くつろぎの時間

以前、緑茶専門店を調べてみたところ、緑茶と一緒に「海苔」「しいたけ」を売っている店が、緑茶と一緒に「和菓子」を売っている店の2倍以上もあった（拙著『小が大を超えるマーケティングの法則』103ページ）。

現実は、「足し算思考」の経営者が多いということだろう。このタイプの店の多くは、元気がない。

先日、あるスーパーマーケットに行ったときに、「緑茶」がどの売り場にあるかを見てみた。はじめに、紅茶、コーヒーの売り場を見たが緑茶はない。和菓子売り場にもなかった。

置いてあったのは、「海苔、しいたけ売り場」だ。

一方で、「コトつながり」の茶専門店も、まだ数は多くないが生まれている。行列ができるほど、圧倒的な消費者の支持を受けている店も出てきている。

例をあげよう。

●「緑茶」×「ワッフル」

「茶っふる」という静岡産抹茶を使用したワッフルが核商品の「茶町KINZABURO」(静岡県静岡市)

●「緑茶」×「大福」

「鞠福」という抹茶をたっぷりと使った生クリーム大福が核商品の「雅正庵」(静岡県静岡市)

●「緑茶」×「ジェラート」

世界で一番濃い「抹茶のジェラート」が核商品の「ななや」(静岡県藤枝市)

どの店も、緑茶×αの「掛け算」で、人を引きつけている。「茶っふる」「鞠福」「抹茶のジェラート」のいずれも、ふんだんに緑茶を利用した〝お茶専門店ならでは〟のとんがり

写真17-2 このワイン1杯にいくら支払えますか？

Aグループ　500人

Bグループ　500人

のあるスイーツだ。

つづいて、「ワイン」についても、同様に実験を行ってみた（写真17－2）。質問は次の通りである。

Q このワインをレストランで飲む場合、グラス1杯いくらまで出せますか？

先ほどと同じく、1000人の回答者をランダムに500人の2グループに分け、写真を見てもらった。Aグループ、Bグループともに、ワインの写真はまったく同じである。異なるのはワインの隣に並ぶ商品だけだ。

結果はどうだったか。

Aグループ（トマトとモッツァレラチーズのカプレーゼと一緒）では、ワイン1杯の平均価格は「541円」。一方、Bパターン（ビールと一緒）では「423円」である。そう、ワインの隣に何があるかで、支払許容価格に何と3割もの違いが生まれている。

これが「掛け算」の力だ。

Aグループ（隣にカプレーゼ） ワイン1杯 541円
Bグループ（隣にビール） ワイン1杯 423円 $p<0.001$

「緑茶」と「花」を一緒に売る：「価値」ベースの掛け算

掛け算の第2のパターンは、「価値」ベースの掛け算だ。

突然だが、「緑茶を花屋で売る」と聞いて、あなたはどのように思うだろうか。

消費者調査をしてみたところ、興味深いことが分かった。**緑茶が好きな人ほど、花が好きだということである**（図17－3）。そういえば以前、「花のイベントでお茶を売ったら、とてもよく売れた」という話を聞いたことがある。

ところで、消費者は、なぜ急須で淹れた「緑茶」を飲むのだろうか？

消費者の心理を「言語連想法」という方法で調べてみると、「ほっとする」「落ち着く」

図17-3 花が好きな人ほど、緑茶が好き

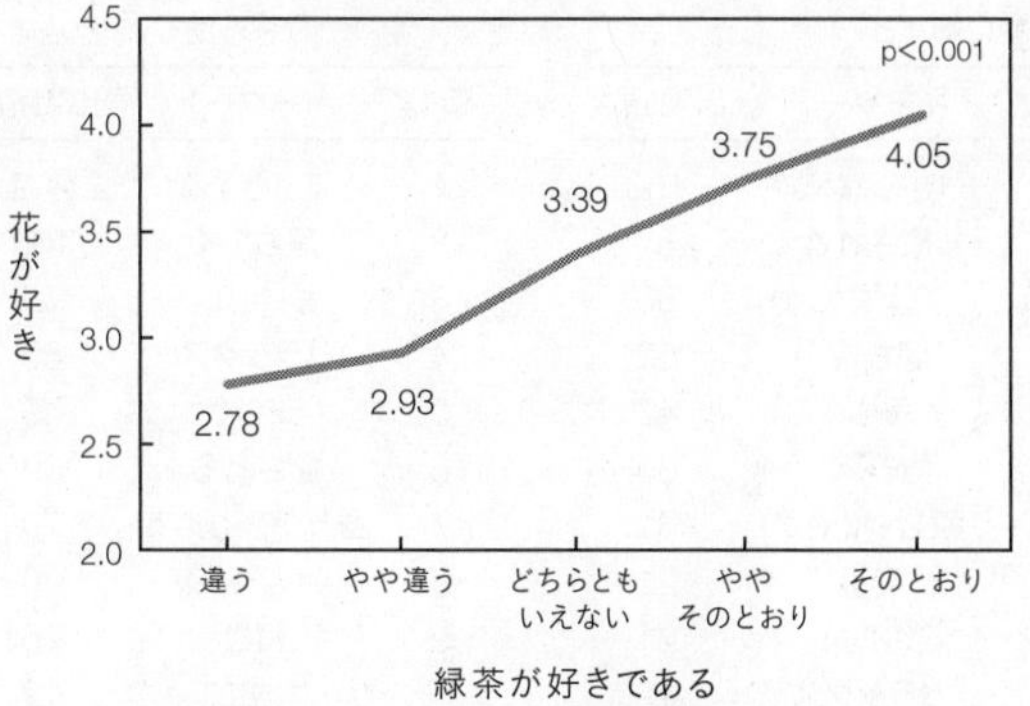

出所）静岡県茶業会議所・岩崎研究室調査（2012年10月）
注）東京都（23区）に居住する20〜69歳までの消費者1000人。「花が好き」は5ポイントスケールで測定。

「リラックス」「安らぐ」「癒される」といった価値を求めて、消費者は急須で淹れた緑茶を飲んでいることが分かる（表17－1の右）。

それでは、消費者は、なぜ「花」を部屋に飾るのだろうか？

同じように調べてみると、「癒される」「落ち着く」「安らぐ」「和む」「リラックス」といった価値を求めて、消費者は花を買っていることが分かる（表17－1の左）。

そう、**緑茶の価値と花の価値は、ほぼ同じである**。表17－1を見ると、なんと上位10ワード中、5ワードが共通している。緑茶業界も、花の業界も「やすらぎ提供業」「リラックス・ビジネス」ということだ。

表17-1　緑茶の価値と花の価値

花を部屋に飾ると…

順位	キーワード	出現頻度
1	明るくなる	150
2	**癒される**	87
3	華やか	80
4	**落ち着く**	62
5	華やぐ	47
6	**安らぐ**	39
7	**和む・和やか**	31
8	奇麗	21
9	嬉しい	21
10	**リラックス**	19

急須で淹れたお茶を飲むと…

順位	キーワード	出現頻度
1	ほっとする	242
2	**落ち着く**	133
3	おいしい	120
4	**リラックス**	67
5	**安らぐ**	45
6	**癒される**	39
7	香りが楽しめる	29
8	くつろげる	26
9	**和む**	25
10	本格的	12

注）2012年10月調査、n=1000人。太字は、両表に共通する単語を示す

であれば、**緑茶を花屋で売ったらどうだろう。これが「価値ベース」の掛け算の発想で**ある。

花屋は、緑茶の売場として大きな可能性を秘めている。お茶を花屋で売ることができれば、お茶の販売先は一気に増加する。全国にお茶の専門店は1万店弱。花の小売業は2万店を超える。花屋で茶を売れば、どうなるか？

一気に売り場が3倍になるということだ。

今まで、お茶を買う機会がなかった消費者にも、お茶を買う機会を提供できるだろう。花とお茶をあわせたギフト需要も期待できる。**「掛け算」によって、新しい需要が生まれる**のである。

「引いた視点」で見てみよう

本書も、そろそろ終わりに近づいてきた。ここで最後の質問をしよう。

Q これは何の写真だろうか？

「？？？」

実は、この写真は、本書の「はじめに」(11ページ)に掲載した「1本の大きな木」の一部(枝葉)である。

この写真のように、視点を「枝葉」だけに集中すると、どうなるだろうか？

周りが見えなくなる。自らの立ち位置が分からなくなる、世の中の風が感じられなくなる、環境の変化に気づかなくなる。

「枝葉末節」にとらわれるということは、この「枝葉」の写真だけで、自らの方向性を決めるようなものである。行きつく先は、「自己満足」や「独りよがり」だろう。すると、「引力」は低下し、顧客は去っていく。

「引き算の戦略」に成功するためには、対象に深く入り込むことも必要であるが、それだけでは危険だ。意識して**「引いた視点」で、客観的に自らを見つめること**が欠かせない。

引いて見ると、「枝葉」を見ていたときに、見えなかったものが見えてくる。大きな流れの中で、自らを位置づけることが可能になる。自分を取り囲んでいる状況を客観的に見ることができなければ、何を引き算したらよいか判断ができないだろう。

時には、いつもとまったく違う視点で自らを見つめることも必要だ。

たとえば、「理想の顧客のAさんの視点」「別の企業の顧客のBさんの視点」「競合会社の視点」「異業種の視点」「新聞記者の視点」「子供の視点」「外国人の視点」「あなたが尊敬する偉人の視点」……。

視点を変えることによって、思いがけないヒントや新しいアイデアを得ることができるはずだ。これまで業界内の誰もが「常識」だと思っていたことや、「あたりまえ」だと思っていたことが「引き算」できるかもしれない。視点を変えると、思いもしなかった「引き算」の可能性も見えてくるだろう。

引き算の戦略は、規模や資金力の勝負ではない。知恵の勝負である。想像力を駆使して、価値を創造していこう。あとは「行動」だ。

「足す価値」の時代から「引く価値」の時代へ。21世紀は「引き算」が力になる。

「マーケティング研究を通じて、地域の元気に貢献したい」。この思いが、筆者の研究の原動力になっています。地域に力を与え、地域を元気にするのは、その地域の人々であり、一つひとつの「企業」です。

「どうしたら、もっと地域や企業が元気になるだろうか」。この問いとずっと向かい合っていると、「引く」という言葉が浮かび上がってきました。

「押す力」でなく、「引く力」。

「足す価値」でなく、「引く価値」。

「足し算」でなく、「引き算」。

セミナーや産学連携の場などで、地域の経営者の方々に、「引く」ことの大切さについて話をさせていただくと、「自分のやっていたことが間違っていないことが分かった」「引き算の考え方はとても参考になった」「勇気をもらった」という感想を何度もいただきました。

もしかすると、「引く」というシンプルな言葉が、地域に元気をもたらすキーワードになるかもしれない。これが、本書をまとめるきっかけになりました。

本書のメッセージは、極めてシンプルです。**「引き算によって、本質的な価値が引き出され、人を引きつけることができる」**ということです。もっと短くすると、**「引き算がチカラになる」**です。

言葉にするとシンプルですが、実行は簡単なことではありません。本書で繰り返し述べてきたとおり、単に引けばうまくいくわけではありません。「良い引き算」もあれば、「悪い引き算」もあります。

「引き算の戦略」は頭だけで考えるものではなく、「行動」です。「考えること」と「行動すること」の間には、大きな隔たりがあります。

では、「行動」のためには、何が必要でしょうか?

ひとつ気づいたことがあります。「引く」は、「惹く」とも書くことです。「惹」という字を見ると、「若」と「心」から構成されています。人を惹きつけるためには、「若い心」が必要だということを、この文字が教えてくれているように思います。

サムエル・ウルマンは「青春」という詩の中で、心の若さとは「たくましい意志」「ゆたかな想像力」「炎《も》える情熱」であると書いています。たしかに、「引き算」で成果をあげている経営者は心が若く、**「強い意志」「想像力」「情熱」**があることを実感します。

本書では、たくさんの質問をさせていただきました。「あとがき」でもひとつだけ。

「心のなかのあなたは、今、何歳ですか?」

何もしなければ、時間だけが「足し算」されていきます。この小著がみなさんの行動につながれば、これほどうれしいことはありません。

2015年6月18日

岩崎　邦彦

参考文献

井深大『わが友 本田宗一郎』ごま書房新社、2010年

井深大『井深大 自由闊達にして愉快なる：私の履歴書』日本経済新聞出版社、2012年

井深大研究会『井深大語録』小学館、1998年

岩崎邦彦『小さな会社を強くするブランドづくりの教科書』日本経済新聞出版社、2013年

岩崎邦彦『緑茶のマーケティング：〝茶葉ビジネス〟から〝リラックス・ビジネス〟へ』農山漁村文化協会、2008年

岩崎邦彦『スモールビジネス・マーケティング：小規模を強みに変えるマーケティング・プログラム』中央経済社、2004年

ウォルター・アイザックソン著、井口耕二訳『スティーブ・ジョブズⅡ』講談社、2011年

大竹文雄、白石小百合、筒井義郎編著『日本の幸福度：格差・労働・家族』日本評論社、2010年

奥山清行『伝統の逆襲：日本の技が世界ブランドになる日』祥伝社、2007年

岡村佳明『看板のない居酒屋：「繁盛店づくり」は「人づくり」』現代書林、2013年

小野譲司『顧客満足［CS］の知識』（日経文庫）日本経済新聞出版社、2010年

海保博之（編）『わかりやすさとコミュニケーションの心理学』朝倉書店、2010年、116ページ

ガー・レイノルズ『シンプルプレゼン』日経BP社、2011年

木谷哲夫『成功はすべてコンセプトから始まる』ダイヤモンド社、2012年

桑原晃弥『スティーブ・ジョブズ全発言：世界を動かした142の言葉』（PHPビジネス新書）PHP研究所

ケン・シーガル、林信行（監修解説）高橋則明（翻訳）『Think Simple：アップルを生みだす熱狂的哲学』NHK出版、2012年

サムエル・ウルマン、作山宗久訳『青春とは、心の若さである。』角川文庫、1996年

鈴木大拙著、北川桃雄訳『対訳 禅と日本文化』講談社インターナショナル、2005年

ダニエル・カーネマン著、村井章子訳『ファスト&スロー（下）あなたの意思はどのように決まるか？』早川書房、2014年

辻芳樹『すごい！日本の食の底力：新しい料理人像を訪ねて』（光文社新書）光文社、2015年
ティナ・シーリグ、高遠裕子訳『未来を発明するためにいまできること スタンフォード大学 集中講義Ⅱ』、CCCメディアハウス、2012年
ティム・ブラウン著、千葉敏生訳『デザイン思考が世界を変える：イノベーションを導く新しい考え方』（ハヤカワ文庫NF）早川書房、2014年
ドナルド・A・ノーマン、野島久雄訳『誰のためのデザイン？：認知科学者のデザイン原論』新曜社、1990年
ジェイコブ・ゴールデンバーグ著、ドリュー・ボイド著、池村千秋訳『インサイドボックス：究極の創造的思考法』文藝春秋、2014年
日経デザイン編『アップルのデザイン：ジョブズは〝究極〟をどう生み出したのか』日経BP社、2012年
日経デザイン編『実践デザイン・シンキング：クリエイティブな思考で、ゼロ発想のイノベーションへ』日経BP社、2014年
原研哉『デザインのデザイン』岩波書店、2003年
『美容の経営プラン』女性モード社、2015年2月号 No.404
伏木亨『人間は脳で食べている』（ちくま新書）筑摩書房、2005年
マイケル・E・ポーター著、竹内弘高訳『競争戦略論Ⅰ』ダイヤモンド社、1999年
村上龍男、下村脩『クラゲ 世にも美しい浮遊生活』PHP研究所、2014年
村上龍男『クラゲ館長が選んだ美人なクラゲ60種』鶴岡市立加茂水族館、2013年
山田英夫『なぜ、あの会社は儲かるのか？ ビジネスモデル編』日本経済新聞出版社、2012年
吉本桂子『わが社のお茶が1本30万円でも売れる理由：ロイヤルブルーティー成功の秘密』祥伝社、2015年

本書は、２０１５年９月に日本経済新聞出版社から発行した同名書を文庫化したものです。

日経ビジネス人文庫

引《ひ》き算《ざん》する勇気《ゆうき》
会社《かいしゃ》を強《つよ》くする逆転発想《ぎゃくてんはっそう》

2021年2月1日 第1刷発行

著者
岩崎邦彦
いわさき・くにひこ

発行者
白石 賢

発行
日経BP
日本経済新聞出版本部

発売
日経BPマーケティング
〒105-8308 東京都港区虎ノ門4-3-12

ブックデザイン
鈴木成一デザイン室

本文DTP
マーリンクレイン

印刷・製本
中央精版印刷

©Kunihiko Iwasaki, 2021
Printed in Japan ISBN978-4-532-19998-2
本書の無断複写・複製(コピー等)は
著作権法上の例外を除き、禁じられています。
購入者以外の第三者による電子データ化および電子書籍化は、
私的使用を含め一切認められておりません。
本書籍に関するお問い合わせ、ご連絡は下記にて承ります。
https://nkbp.jp/booksQA

nbb 好評既刊

従業員をやる気にさせる7つのカギ
稲盛和夫
稲盛さんだったら、どうするか？　混迷を深める時代に求められる「組織を導くための指針」を伝授。大好評「経営問答シリーズ」第3弾

模倣の経営学
井上達彦
成功するビジネスの多くは模倣からできている。他社（手本）の本質を見抜き〝儲かる仕組み〟を抽出する方法を企業事例から分析。

引き算する勇気
岩崎邦彦
アップルもスターバックスも無印良品も「引き算」で大きくなった。資源が限られた小さな会社や地域のための、個性を輝かせる方法を解説。

リッツ・カールトン超一流サービスの教科書
レオナルド・インギレアリー
ミカ・ソロモン
小川敏子＝訳
極上のおもてなしで知られるリッツ・カールトンのサービスの原則とは。リッツで人材教育を担う著者が、様々な業界で使えるメソッドを公開。

小さな会社のための世界一わかりやすい会計の本
ウエスタン安藤
勘定科目はカウボーイの投げ縄、減価償却はロールケーキで考える――。日本で唯一のカウボーイ税理士が、実践的な会計知識をやさしく説く。

nbb 好評既刊

一流の人はなぜそこまで、コンディションにこだわるのか?
上野啓樹
俣野成敏

「人生が劇的に変わった!」と多くの共感を得たベストセラーを文庫化。〝一度痩せたら、二度と太らない〟誰でもできるカンタン習慣を伝授。

ジャック・ウェルチの「リアルライフMBA」
ジャック・ウェルチ
スージー・ウェルチ
斎藤聖美＝訳

机上のMBAは現実のビジネス問題を解決できない! 「経営の神様」ウェルチがビジネスで勝つために本当に必要な知識とノウハウを伝授。

経済と人間の旅
宇沢弘文

弱者への思いから新古典派経済学に反旗を翻し、人間の幸福とは何かを追求し続けた行動する経済学者・宇沢弘文の唯一の自伝。

やりたいことを全部やる! 時間術
臼井由妃

仕事、自分磨き、趣味……やりたいことが全部できる! 時間管理の達人が教えるONとOFFのコツ。「働き方改革」実現のヒントが満載。

やりたいことを全部やる! メモ術
臼井由妃

時間、人間関係、お金、モノ……「書き出す→捨てる→集中する」の3段階方式で目標・夢を実現しよう! 仕事術の達人が伝授。書き下ろし。

nbb 好評既刊

やりたいことを全部やる！言葉術

臼井由妃

ビジネスでもプライベートでも！　さまざまなケースに対応できる言葉術を達人が伝授。たったひと言で望む結果を手に入れよう！　書き下ろし。

最強チームのつくり方

内田和俊

責任転嫁する「依存者」、自信過剰な「自称勝者」——未熟な部下の意識を変え、常勝組織を作る実践法をプロのビジネスコーチが語る。

ゲーム・チェンジャーの競争戦略

内田和成

ライバルと同じ土俵では戦わない！　アマゾンウェブサービス、スポティファイなど、競争のルールを破壊する企業の戦い方を明らかにする。

ビジネススクールで身につける仮説思考と分析力

生方正也

難しい分析ツールも独創的な思考力も必要なし。事例と演習を交え、誰もが実践できる仮説立案と分析の考え方とプロセスを学ぶ。

つらい仕事が楽しくなる心のスイッチ

榎本博明

ポジティブ思考を作る、自身の強みを活かす、人の気持ちを引き出す……。円滑なビジネスに役立つ心理学のノウハウを人気心理学者が説く。

nbb 好評既刊

みんなの経営学 使える実戦教養講座

佐々木圭吾

ドラッカーの「マネジメントは教養である」という言葉を紐解き、金儲けの学問と思われがちな経営学の根本的な概念を明快に解説する。

世界のトップデザインスクールが教えるデザイン思考の授業

佐宗邦威

デザイナーの認知活動をビジネスに応用する「デザイン思考」について、本場である米デザインスクールでの留学経験をもとにやさしく解説。

400のプロジェクトを同時に進める佐藤オオキのスピード仕事術

佐藤オオキ

仕事の質はスピードで決まる！　目の前の仕事に集中する、脳に余計な負担をかけない――。世界的デザイナーのクリエイティブ仕事術。

問題解決ラボ

佐藤オオキ

400超の案件を同時に解決し続けるデザイナーの頭の中を大公開！　デザイン目線で考えると、「すでにそこにある答え」が見えてくる。

佐藤可士和の超整理術

佐藤可士和

各界から注目され続けるクリエイターが、アイデアの源を公開。現状を打開して、答えを見つけるための整理法、教えます！

nbb 好評既刊

「なぜか売れる」の営業

理央 周

なぜ売り込むと顧客は逃げてしまうのか。マーケティングのプロが、豊富な実体験、様々な会社の事例を紹介しながら解説する営業の王道。

なぜ、お客様は「そっち」を買いたくなるのか？

理央 周

落ち目のやきとり店が打つべき一手、人気のパン屋と暇な店の違い――。2択クイズを解くだけでＭＢＡ式マーケティングの基礎が学べます。

成功する練習の法則

ダグ・レモフ
エリカ・ウールウェイ
ケイティ・イェッツイ

時間ばかりかけて自己満足？　勉強でもスポーツでもビジネスでも、効率的なスキル向上に不可欠な「正しい練習法」が身につく注目の書。

Who Gets What

アルビン・E・ロス
櫻井祐子＝訳

進学、就活、婚活、臓器移植……。従来手がけなかった実社会の難題に処方箋を示す新しい経済学をノーベル経済学賞受賞の著者が自ら解説。

10の「感染症」からよむ世界史

脇村孝平＝監修
造事務所＝編著

ペスト、天然痘、インフルエンザ等、世界史を変えた10の感染症に着目。その蔓延と収束、社会経済にもたらした影響まで解説する。

nbb 好評既刊

藤田晋の仕事学
藤田　晋

劣等感とは思い込みにすぎない、ベテランこそアイデアを出せ――。24歳で起業し、ネット業界の第一線を走るカリスマの実践的仕事論。

投資レジェンドが教えるヤバい会社
藤野英人

6500人以上の社長に会い、成長企業を発掘してきたファンドマネジャーが明かす「68の法則」。会社の本質を見抜くヒントが満載！

「つながり」で売る！　法則
藤村正宏

SNSで1億円を売り上げたアパレル経営者／「甲子園クリーニング」が大ヒットのワケ……楽しく繁盛する秘訣を人気マーケターが伝授。

ビジネススクールで身につける思考力と対人力
船川淳志

「思考力」と、新しい知識やツールを使いこなすために欠かせない「対人力」。ビジネス現場で最も大切な基本スキルを人気講師が伝授。

日常の疑問を経済学で考える
ロバート・H・フランク
月沢李歌子＝訳

初婚年齢が上がっているのはナゼ？　2年目のジンクスはなぜ起こる？　経済学のアレコレを身近な例で簡潔に解説する、経済学入門講座。